戦国姫物語

城を支えた女たち

山名美和子　著

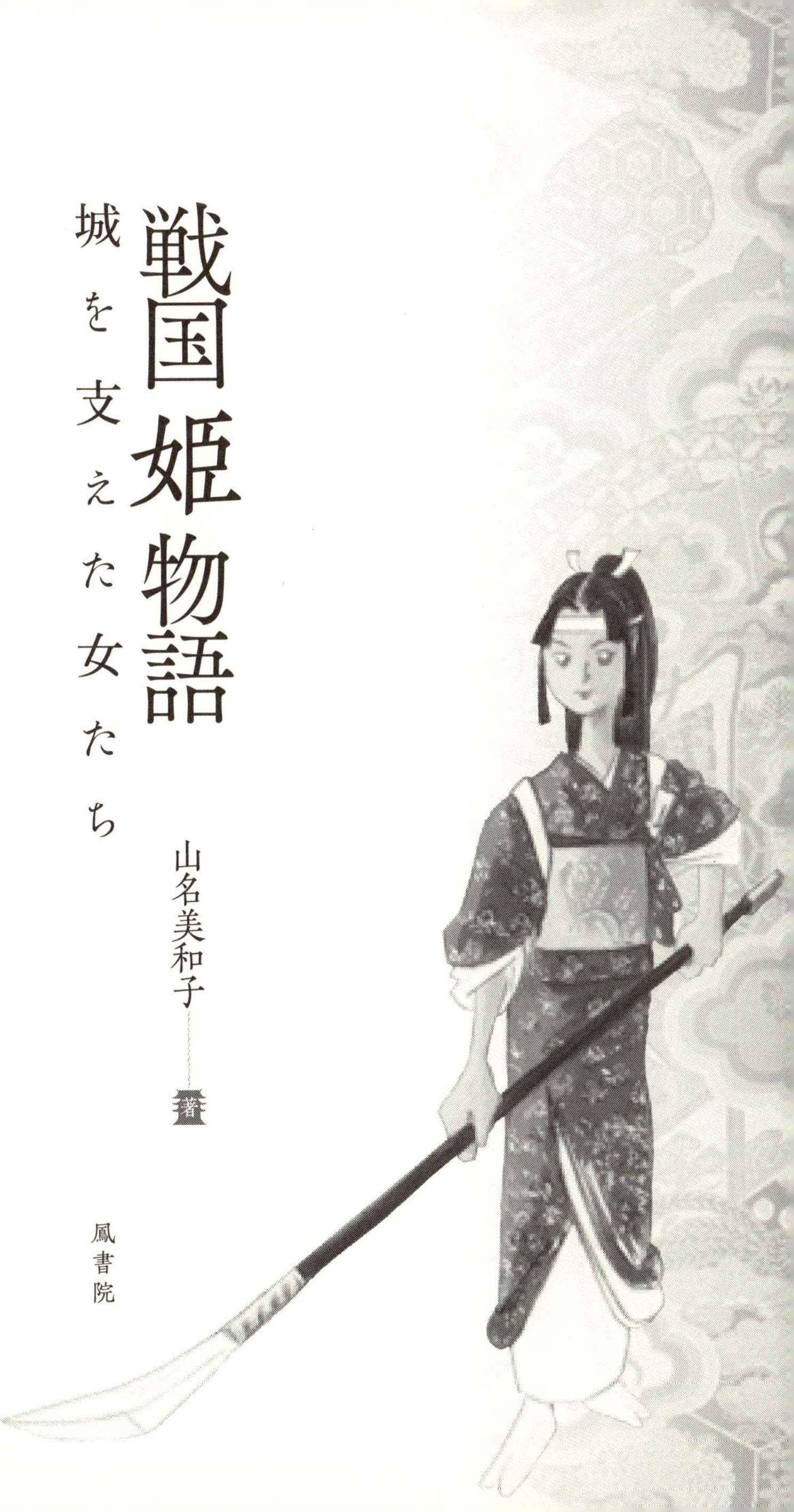

鳳書院

はじめに

城への旅は、いつも心がときめく。行く手に、ふいに城郭《じょうかく》が姿を現すとき、タイムトラベルの一歩がはじまる。城の美を代表する姫路城、舞いたつ白鷺《しらさぎ》を思わせる天守群を仰ぎ、この城で10年ほど暮らした千姫の幸せな日々に思いを馳《は》せる。

彦根城への旅は、横なぐりの雪の日だった。幕末の彦根藩主・井伊直弼《いいなおすけ》が雪の桜田門外で討たれた事件を想起せずにはいられない。

これまで80ヵ所ほどの城跡を歩いた。現存する天守ではもっとも古い丸岡城(福井県)、創建当時の姿で天守と追手門(大手門)が残る高知城、弘前城(青森県)、急勾配を描いて伸び上がる熊本城や会津鶴ヶ城の石垣、その豪壮さに圧倒されながらも、哀愁を覚えるのはなぜだろうか。唱歌「荒城の月」、歌謡「古城」などのメロディーが耳もとによみがえり、滅んでいった歴史のひとこまが、脳裏を駆け抜けるからかもしれない。

城址《じょうし》には桜の名所が多い。津山城址（岡山県）、高遠《たかとお》城址（長野県）、名護城址（沖縄県）などは、とりわけ美しい。城跡の桜の多くは、明治時代になって旧藩士や地元の人びとが在りし日を偲んで植樹したものだという。江戸時代まで、城内の植栽は黒松・柏槙《びゃくしん》・樟《くす》といった常盤木《ときわぎ》（常緑樹）がほとんどだった。城の永久不変の繁栄を願ったこと、もうひとつは、敵からの目隠しの役目を果たした。城はそもそも、戦の砦だったのである。

城を巡っていると、その栄枯盛衰のドラマに女性たちの足跡がしっかりと刻まれていることに気づく。戦国時代に生きた女たちには、悲劇のヒロインのイメージがついてまわる。だが彼女たちは、時代の犠牲者として、はかなく生を終えただけではなかった。男たちが槍や刀を振るって命を的に戦場を駆けるとき、留守を預かる女たちもまた、命がけで城や家名、領地を守っていたのだ。

領国の経営にたずさわった井伊直政の義理の叔母・次郎法師や豊臣秀吉の正室・おね、城や領地を守るため武器を執って戦った甲斐姫・小松殿・鶴姫、夫の戦功を祈って命を捧げた細川ガラシャ・立花誾千代《たちばなぎんちよ》、愛と知性で戦国の猛将を育んだ大井夫人・杉《すぎ》の大方《おおかた》など、枚挙にいとまがない。彼女たちは、天下取りや新しい時代を夢見て疾走する男たちと二人三脚で歩む、かけがえのないパートナーであった。

動乱の時代、女たちもまた、愛と英知と勇気をもって歴史を動かした英雄だったのである。

＊

多くの方々が、城の美、雄々《おお》しく生きた女たちを愛してくださるよう願ってやみません。

戦国姫物語

目次

第一章

信玄と姫

第二章 信長と姫

第二章

秀吉と姫

第四章 家康と姫

第五章 九州の姫

第六章 西日本の姫

第七章 東日本の姫

城の地図

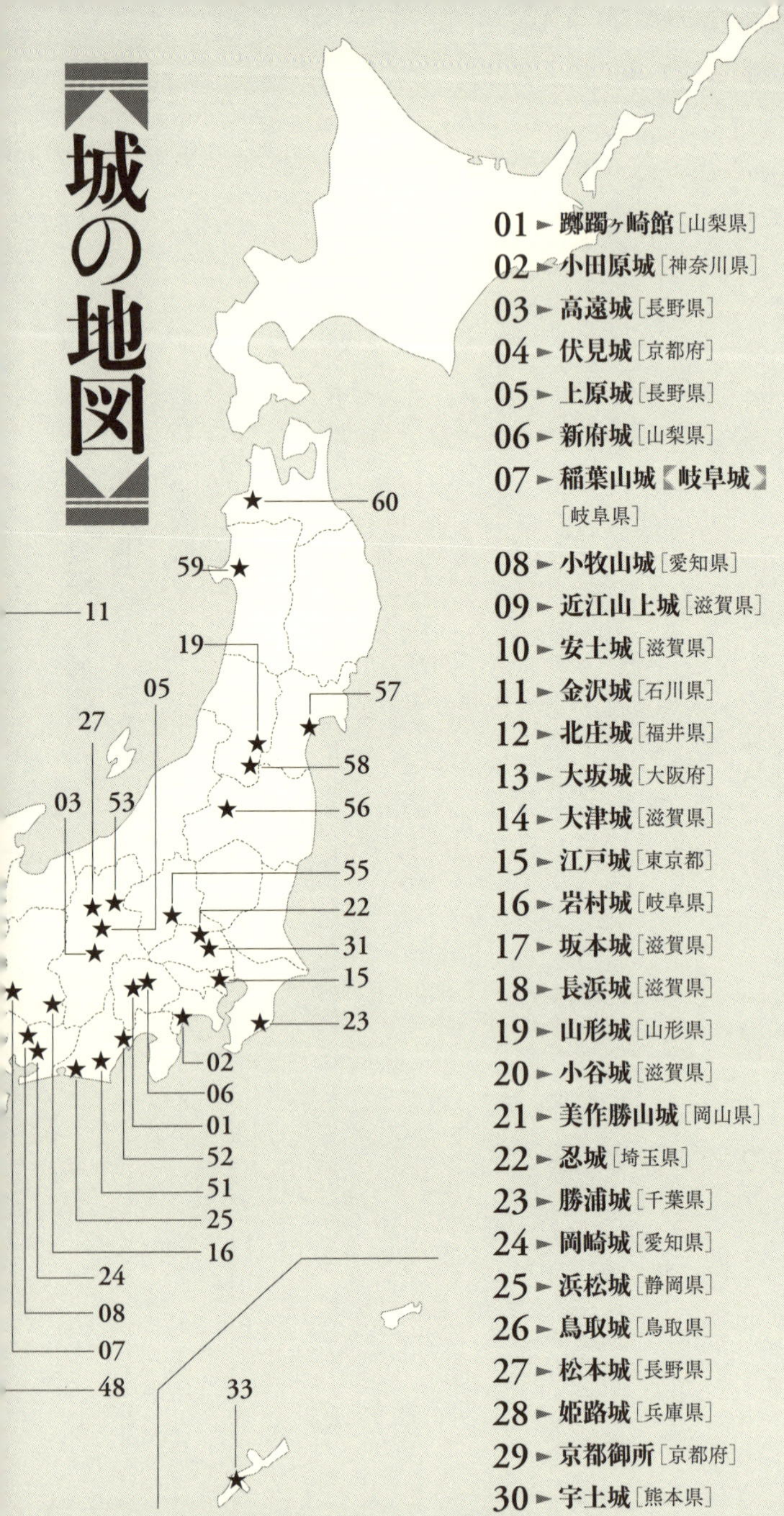

01 ▶ 躑躅ヶ崎館［山梨県］
02 ▶ 小田原城［神奈川県］
03 ▶ 高遠城［長野県］
04 ▶ 伏見城［京都府］
05 ▶ 上原城［長野県］
06 ▶ 新府城［山梨県］
07 ▶ 稲葉山城【岐阜城】［岐阜県］
08 ▶ 小牧山城［愛知県］
09 ▶ 近江山上城［滋賀県］
10 ▶ 安土城［滋賀県］
11 ▶ 金沢城［石川県］
12 ▶ 北庄城［福井県］
13 ▶ 大坂城［大阪府］
14 ▶ 大津城［滋賀県］
15 ▶ 江戸城［東京都］
16 ▶ 岩村城［岐阜県］
17 ▶ 坂本城［滋賀県］
18 ▶ 長浜城［滋賀県］
19 ▶ 山形城［山形県］
20 ▶ 小谷城［滋賀県］
21 ▶ 美作勝山城［岡山県］
22 ▶ 忍城［埼玉県］
23 ▶ 勝浦城［千葉県］
24 ▶ 岡崎城［愛知県］
25 ▶ 浜松城［静岡県］
26 ▶ 鳥取城［鳥取県］
27 ▶ 松本城［長野県］
28 ▶ 姫路城［兵庫県］
29 ▶ 京都御所［京都府］
30 ▶ 宇土城［熊本県］

31 ► **江戸城紅葉山御殿**
［埼玉県］
32 ► **徳島城**［徳島県］
33 ► **首里城**［沖縄県］
34 ► **鹿児島城**［鹿児島県］
35 ► **平戸城**［長崎県］
36 ► **佐賀城**［佐賀県］
37 ► **熊本城**［熊本県］
38 ► **鶴崎城**［大分県］
39 ► **岡城**［大分県］
40 ► **柳川城**［福岡県］
41 ► **松江城**［島根県］
42 ► **吉田郡山城**［広島県］
43 ► **三島城**［愛媛県］
44 ► **岡山城**［岡山県］
45 ► **常山城**［岡山県］
46 ► **三木城**［兵庫県］
47 ► **勝龍寺城**［京都府］
48 ► **大垣城**［岐阜県］
49 ► **彦根城**［滋賀県］
50 ► **津城**［三重県］
51 ► **掛川城**［静岡県］
52 ► **駿府城**［静岡県］
53 ► **上田城**［長野県］
54 ► **越前府中城**［福井県］
55 ► **金山城**［群馬県］
56 ► **黒川城**［福島県］
57 ► **仙台城**［宮城県］
58 ► **米沢城**［山形県］
59 ► **浦城**［秋田県］
60 ► **弘前城**［青森県］

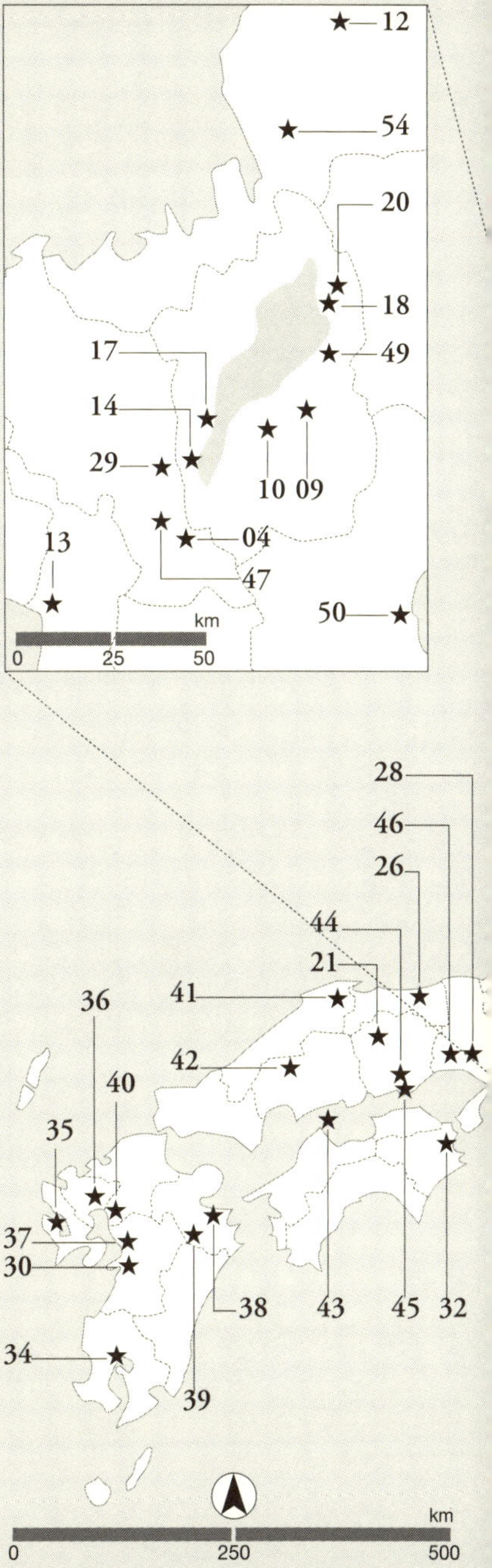

第一章

信玄と姫

01 信玄に英知と情操を教えた母の功績

躑躅《つつじ》ケ《が》崎《さき》館《やかた》と大井夫人

武田《たけだ》氏の居館・躑躅《つつじ》ケ《が》崎館《さきやかた》(山梨県甲府市)は、1519(永正16)年、武田信玄《しんげん》の父・信虎《のぶとら》が築いた。三方が山、東と西に川が流れる要害の地である。信玄が城域を拡張、「風林火山《ふうりんかざん》」の軍旗をひるがえし、甲斐《かい》(山梨県)の山々の彼方に天下取りの夢を馳せた。

信玄の母・大井《おおい》夫人は、わが子の教育に心を砕き、幼い信玄(幼名 太郎・晴信)の手をひいて甲府から釜無川《かまなしがわ》を越え、実家に近い鮎沢《あゆざわ》(山梨県南アルプス市)の長禅寺《ちょうぜんじ》に通い参禅した。あらゆる分野の書物を蔵している禅寺は学問の殿堂であり、学を積んだ僧は武将らの指南者であった。夫人は信玄の師として、尾張国《おわりのくに》(愛知県西部)瑞仙寺《ずいせんじ》の僧・岐秀元伯《きしゅうげんぱく》を長禅寺に招く。信玄は岐秀に厚く帰依し、儒学や禅要、兵法、治国の法を学び、詩歌や書画の手ほどきを受け、乱世を生き抜く英知と情操を育まれていく。

大井夫人の実名は分かっていない。1497（明応6）年、武田一門の大井信達《のぶたつ》の長女に生まれた。信達は当時、甲斐随一の実力を誇っており、信玄の父・信虎は大井氏と結ぼうと、繰返し信達の娘の輿入《こしい》れを申し入れた。1516（永正13）年ごろ、戦で信達を敗ったとき、和睦の証として、ようやく大井家から正室に迎えることができた。大井夫人と称される。信虎23歳、夫人は20歳だった。

政略結婚ではあったが、夫妻は嫡子・信玄をはじめ3男1女に恵まれる。信玄を身ごもっていたとき、駿河《するが》（静岡県中央部）の今川《いまがわ》氏が甲斐に攻め込み、夫人は武田館の背後の要害城《ようがいじょう》に避難した。出生の直前に諏訪大明神の使いが夫人の夢枕に立ち、信玄の出生で今川との戦に勝利するとお告げがあったと伝承される。

夫人の父・信達は文化人として知られ、和歌の師である京の冷泉為和《れいぜいためかず》から「歌道執心の法師」と称賛された。そんな家風を受けついだ夫人は、子らの学問修養に力を注ぐ。信玄は和歌を得意として多くを詠み、3男・信廉《のぶかど》は武人画家・逍遙軒《しょうようけん》として知られ、肖像画に才を発揮した。

夫人はやがて、夫・信虎《のぶとら》の所業《しょぎょう》に心を痛めるようになる。信虎の乱暴な振る舞いで、家臣や領民の心が離れていく。さらに、2男の信繁《のぶしげ》を偏愛し、信玄を廃嫡《はいちゃく》しようとした。信虎と信玄父子の確執は深まり、1541(天文10)年、ついに信玄は多くの家臣の支持を受けて、信虎を駿河に追放した。

夫人は髪をおろして甲斐に残った。21歳という若さで甲斐一国を担う息子を支えようと、強く決意したにちがいない。夫人の信条として伝えられる一言がある。

買収せよ　饗応《きょうおう》せよ　威迫《いはく》せよ　従わざりし者は排除せよ

何と気迫・深謀《しんぼう》に満ちた訓《おし》えであろう。食うか食われるかの戦国を生き抜くからには不可欠の規範なのである。夫人はまた、信玄を出産したおりの戦況の危機を繰り返し語り、殺さなければ殺されるという厳しさを、しっかりと子らに覚えこませた。

若い日の信玄は乱行があったり、歌道にのめりこんだこともあった。そんな信玄を諫《いさ》め導いたのは夫人だった。信濃上田原《しなのうえだはら》で村上義清《むらかみよしきよ》と戦ったとき、大敗したにもかかわらず信玄は20日経っても兵を引かない。夫人は家臣を遣わして説得し、ようやく信玄は撤退したという。戦国きっての軍略家・信玄も、母には頭があがらなかったようだ。

夫人が息子たちに分けへだてなく愛情を注いだことは、兄弟の仲の良さから推し量ることができる。2男の信繁は武田24将に数えられ、信玄の腹心中の腹心として武田の副将軍を務め、後世に「まことの武将」と名を残す。3男の文人・信廉《のぶかど》も武田24将のひとりである。兄弟が信玄を支えて固い絆で結ばれたのも、互いに嫉妬心などを抱かないよう、夫人が深い配慮で接したからにほかならない。

1552年（天文21）、夫人は56歳で世を去り、岐秀《きしゅう》老師の引導により、生まれ故郷・鮎沢の長禅寺に葬られた。信玄は長禅寺を甲府に移して菩提を弔い、信廉は亡き母をしのんで法衣《ほうえ》姿の母の像を描いて奉納した。

春は花秋はもみじの色々も日数《ひかず》つもりて散らばそのまま

散りはてる悲哀のなかにも、運命を見つめる潔さの秘められた大井夫人の歌である。

02 小田原城と黄梅院《おうばいいん》

離別から半年後、27歳で世を去った薄幸の生涯

東海道の要衝に建つ小田原城。およそ600年ほど前の1417(応永24)年、大森氏によって築かれたとされる。以後、戦国時代から近世・幕末まで、絶えることなく栄華を誇った。1495(明応4)年、北条早雲《ほうじょうそううん》が攻め取り、そののち北条氏5代の居城になり、関東制覇の本城として拡張された。1590(天正18)年、豊臣秀吉の来襲に備え、北条氏は城下町をすっぽりくるむ大城郭《じょうかく》を築く。中世城郭史に例を見ない巨城の出現である。

江戸時代は徳川幕府の重臣が小田原城を治め、幕末にいたる。明治初期、おもな建物は解体されたが、1960(昭和35)年3層4階の天守と付櫓《つけやぐら》を持つ白亜の天守閣が江戸時代の外観ど

室町時代に大森氏が築城。北条早雲が攻め取り北条5代が100年間居城。江戸時代は幕府重臣の居城。城址は小田原城址公園として整備され、天守・常盤木門・銅門・住吉橋・隅櫓などを復元。

小田原城【おだわらじょう】

JR、小田急線・小田原駅から徒歩10分。車では小田原厚木道路「荻窪IC」から10分、西湘バイパス「小田原IC」から5分、東名高速道路「大井松田IC」から40分。

おりに復興、堀・石垣・諸門・隅櫓なども整備された。

黄梅院《おうばいいん》は1543（天文12）年、武田信玄の長女として甲斐国《かいのくに》（山梨県）の躑躅《つつじ》ヶ《が》崎館《さきやかた》で生まれた。実名は分かっていない。母は信玄の正室・三条《さんじょう》夫人。夫人は公家・三条公頼《きんより》の娘なので、黄梅院は公家風の躾《しつけ》を受けて育つ。信玄は子煩悩で、とりわけ黄梅院を可愛がった。信玄の愛娘だったのである。

1554（天文23）年、三国同盟《さんごくどうめい》が結ばれる。甲斐の武田信玄・相模の北条氏康《ほうじょううじやす》・駿河の今《いま》川《がわ》義元《よしもと》による、相互の和平協定である。同盟の証として、12歳の黄梅院は、14歳の北条氏政《うじまさ》（氏康《うじやす》の嫡子、のち北条氏4代当主）に嫁いだ。

武田の輿《こし》は12挺《ちょう》、付き添う供侍は金覆輪《きんぷくりん》(縁飾りに金箔をほどこしたもの)の鞍《くら》を付けた3000騎、42挺の長持《ながもち》、総勢1万人の行列であった。一方、北条家臣5000人が上野原《うえのはら》(山梨県上野原市)に出迎えた。輿入れの行列は自国の威勢を誇るものではあったが、双方が、この婚姻をどれだけ重視していたかが分かる。

夫婦は仲睦まじかった。翌年11月には男児を出産したが、この子は夭折《ようせつ》してしまう。その次の年、ふたたび懐妊。信玄は無事の出産を願い、富士御室浅間神社《ふじおむろせんげんじんじゃ》に自筆の願文《がんもん》を奉納し、安産を祈った。願文には「富士浅間大菩薩《だいぼさつ》の神功を願う。母子ともに無事の出産ならば、来年6月から船津《ふなつ》(河口湖のあたり)の関所を開放する」と約束した。このとき、長女が誕生した。信玄はとても満足し、よろこんだと史書は記す。

やがて夫妻は北条氏5代を継ぐ嫡男・氏直《うじなお》、2男・氏房《うじふさ》をもうける。黄梅院《おうばいいん》の次の懐妊のときの信玄の願文も現存する。「来る6、7月ごろ出産と思われるので、百人の僧侶を集めて安産祈願してほしい。神馬《しんめ》を寄進する」「母子ともに無事なら黒駒《くろこま》(山梨県御坂町)の関《せき》を開放する」と祈る。3男直重《なおしげ》が無事、誕生した。こののち4男直定《なおさだ》も生まれる。氏政は妻や子らをこよなく愛し、信玄もまた娘に愛情を注ぎ、黄梅院は満ち足りた日々を送っていた。

しかし戦国の動乱は、この幸せな女性を悲運に突き落とす。1568(永禄11)年12月、信玄は三国同盟を破り駿河に侵攻。駿河今川氏の娘を妻にしていた嫡男・義信《よしのぶ》を廃嫡した。信玄軍の乱入で駿府城主・今川氏真《うじまさ》はあわただしく逃走、正室・早川殿《はやかわどの》の輿《こし》も用意できず、夫人は裸足《はだし》で逃げたという。なんという恥辱《ちじょく》であろう。早川殿は氏政の姉である。氏政の父・氏康は激怒し、怒りの矛先を黄梅院に向ける。氏政と離縁させ、甲斐国に送り返したのである。幼い子らは母にすがり、あとを追ったことだろう。黄梅院の嘆きは察して余りある。

いとしい子らにも、愛する夫にももう会えないと悲嘆にくれ、ほどなく甲府の大泉寺《だいせんじ》の住職を導師に剃髪、法名を黄梅院と号した。離別からわずか半年後の6月、27歳の黄梅院は失意のなかで世を去ったのである。信玄は薄幸な娘の死を悼み、巨摩郡《こまぐん》(甲斐市)竜地《りゅうじ》に子安地蔵《こやすじぞう》を本尊とする菩提所・黄梅院を建立、知行16貫2百文を寄進した。墓碑は現存している。翌年信玄は、正室・三条夫人と黄梅院の回向《えこう》を行い、大泉寺に所領を寄進した。

氏政は、北条と武田が再び同盟したあとの1570(元亀元)年、北条氏の菩提所・早雲寺《そううんじ》(神奈川県箱根町湯本)に塔頭《たっちゅう》・黄梅院を建立。亡き妻の遺骨を分骨して埋葬し、手厚く葬った。

黄梅院の残した子らは、北条氏を支える武将として成長していった。

03 乱世に引裂かれた恋、八王子織物の祖に

高《たか》遠《とお》城《じょう》と松姫

信州に遅い春が訪れる４月半ば、高遠城址《たかとおじょうし》公園（長野県伊那市）は桜に埋れる。武田信玄《たけだしんげん》が軍事拠点として築いた高遠城は、織田信忠《おだのぶただ》（信長の嫡子）軍に攻められ落城。江戸期には保科正之《ほしなまさゆき》（徳川3代将軍・家光《いえみつ》の異母弟）が治めた。藩校進徳館《しんとくかん》は現存。城門、空堀《からぼり》、再興された太鼓櫓《たいこやぐら》や桜雲《おううん》橋《きょう》が往時をしのばせる。

松姫《まつひめ》は１５６１（永禄4）年、武田信玄の５女（または6女）として甲斐国《かいのくに》（山梨県）に生まれた。母は側室の油川《あぶらかわ》夫人。７歳のとき、織田信長の嫡男で11歳の奇妙丸《きみょうまる》（のち信忠《のぶただ》）と婚約。信長は婚約が成立すると、信玄に虎皮３枚、豹皮５枚、緞子《どんす》１００巻など、松姫にも織物１００反、

1547(天文16)年、武田信玄が軍事拠点として築城。江戸時代は保科氏・内藤氏などが入封。遺構は藩校・空堀など。明治以降に植樹した城跡の高遠小彼岸桜は県指定天然記念物。

高遠城【たかとおじょう】

JR岡谷駅から飯田線に乗り換え、伊那駅下車。バスで25分、「高遠」下車、徒歩15分。車では中央自動車道「伊那IC」から国道361号線経由、30分、同「諏訪IC」から国道152号線経由、50分。

帯300筋ほか豪華このうえない品々を贈り、信玄も豪華な答礼をした。信忠からも松姫に手紙や贈り物が届き、松姫も便りをしたためた。松姫は輿入《こしい》れの日を夢見ながら成長していく。

しかし、戦国の世は非情だった。1572(元亀3)年、上洛を目指す信玄は遠州《えんしゅう》(静岡県西部)三方ヶ原《みかたがはら》で徳川家康と衝突し大勝。信長が家康を援護したため、武田・織田は敵同士になり、12歳の松姫と信忠の婚約は解消となる。翌年、信玄は上洛途中の陣中で病没、異母兄・勝頼が家督を継いだ。勝頼は長篠《ながしの》の戦で織田・徳川軍に完敗、武田家は急速に衰えていく。

1581(天正9)年、織田軍の甲斐侵攻に備え、松姫の同母兄・仁科盛信《にしなもりのぶ》は高遠城の守備を命じられ、松姫を伴って移る。美貌の姫も21歳、縁談があっても「ひとたび夫と定めた御方のあった身」と断るばかり。松姫の胸の奥には信忠への慕情が宿っていた。

さらに悲劇が訪れる。この年の暮れ、織田・徳川軍が甲府に迫ると察知した勝頼は、急いで築城した新府城《しんぷじょう》（山梨県韮崎市）に移った。武田勢に敵軍が迫る。高遠城を指して寄せ来る敵の総大将は、こともあろうか信忠である。松姫の嘆きはいかばかりかしれない。

1582（天正10）年2月、盛信《もりのぶ》は4歳の息女・督姫《とくひめ》を松姫にゆだね、勝頼《かつより》のもとへ脱出させ、激闘のはてに26歳で壮絶な最期を遂げる。勝頼もまた松姫に、いずれも4歳のわが子・貞姫《さだひめ》と、重臣・小山田信茂《のぶしげ》の娘・香具姫《かぐひめ》を預け、10数名の供を付けて逃がした。直後、勝頼夫妻と家臣は天目山《てんもくさん》（山梨県甲州市）へ敗走の途中、小山田の裏切りにより山麓の田野《たの》で自刃。小山田は信長により「卑怯者」として成敗される。のちに松姫はこのいきさつを知るのだが、香具姫をわけへだてすることなく慈しんだ。

松姫一行は武蔵国《むさしのくに》（東京都・埼玉県）へと逃避の旅に発つ。残党狩りの厳しい甲州街道を避け、相模《さがみ》（神奈川県）・武蔵の国境の案下峠《あんげとうげ》を越えて八王子にたどり着いた。険しい大菩薩嶺《だいぼさつれい》や多摩《たま》の山々に阻まれる裏街道だ。3月、雪の残る春まだ浅い山路を、か弱い幼児を連れて越えるのは命懸けだった。一行を援けたのは、山里に暮らす武田氏ゆかりの民たちであった。

案下峠を下った松姫は北条氏照《ほうじょううじてる》の治める八王子城下の信源院《しんげんいん》にたどり着いた。氏照は勝頼夫人の兄である。武田と断交していたが、天目山麓《てんもくさんろく》に果てた妹を憐れみ、幼い姫たちを連れて辛苦の旅をしてきた松姫に温かい目を注いだことだろう。

松姫は髪をおろし、信松尼《しんしょうに》と号した。あばら屋で近所の子らに読み書きを教え、蚕《かいこ》を飼い、織物を織って、3人の姫たちを育てていく。

1590（天正18）年、豊臣秀吉から関東支配を任された家康の庇護で信松院《しんしょういん》を建立。江戸時代になると、家康から甲州街道を守る「千人同心《せんにんどうしん》」に任じられた武田の遺臣に囲まれ、農耕・機織りに励んで暮らす。徳川2代将軍・秀忠《ひでただ》が侍女・志津《しづ》を懐妊させたとき、信松尼は保護を頼まれ、姉の見性院《けんしょういん》（武田一族の穴山梅雪《あなやまばいせつ》正室）とともに行き届いた世話にあたる。安産のもと生まれた男児は、やがて尼の兄・盛信ゆかりの高遠藩主となり、のちに会津《あいづ》藩主になって家光を補佐する名君・保科正之《ほしなまさゆき》である。

1616（元和2）年、信松尼は波乱の生涯を閉じた。八王子は絹織物の町として名高い。機織業は松姫や武田の遺臣によって興され広められたと伝えられる。

04 伏《ふし》見《み》城《じょう》と菊姫

倹約に努めた新妻。戦国の動乱はつつましい幸せを奪い取る

武田信玄《たけだしんげん》の6女に於菊《おきく》と呼ばれる姫がいた。上杉景勝《うえすぎかげかつ》に嫁ぎ、健気に生きたが、乱世に翻弄され、淡い灯が消えるように生涯を終えた。

菊姫は1563（永禄6）年、信玄の側室・油川《あぶらかわ》夫人を母として生まれた。油川夫人は甲斐国《かいのくに》（山梨県）一の美女といわれ、菊姫の兄妹の仁科盛信《にしなもりのぶ》、葛山信貞《かつらやまのぶさだ》、松姫《まつひめ》は母に似て美男美女だったと伝えられる。

菊姫が11歳のとき父信玄が他界、異母兄の勝頼《かつより》が家督を継いだ。翌々年、長篠《ながしの》の戦いで勝頼は織田信長軍に大敗し、武田氏は衰退していく。一方、越後《えちご》（新潟県）の上杉家でも謙信《けんしん》亡きあ

1592（文禄元）年、豊臣秀吉が築城開始。地震で倒壊し1596（慶長元）年近隣に再建。関ヶ原の戦いで焼失。再建のち廃城。1964（昭和39）年城跡の遊園地に模擬天守を再興（現在、遊園地は閉園、内部非公開）。

伏見城【ふしみじょう】

JR桃山駅から徒歩10分、京阪伏見桃山駅、近鉄桃山御陵駅からいずれも徒歩20分。車では名神高速道路「京都南IC」第2出口から国道24号線を経由して15分。

と、養子の景勝《かげかつ》と景虎《かげとら》が跡目《あとめ》を争う「御館《おたて》の乱」が起きる。苦境に陥った景勝は勝頼に同盟を呼びかけ、両家は父の代の確執を超えて「甲越同盟」を結ぶ。1578（天正6）年12月、同盟の証として菊姫と景勝の婚約が調《ととの》った。

翌年3月、景虎の自害で御館の乱が収束、24歳の景勝が上杉家当主になる。10月、17歳の菊姫は上杉氏の居城・春日山城《かすがやまじょう》に輿入れした（天正6年説あり）。甲斐から信濃《しなの》（長野県）を通って越後へ抜ける道中は、山また山の険しい道のりである。菊姫は「私が武田を救うのだ。景勝さまと睦まじい夫婦になって、武田と上杉の絆になろう」と、みずからの役目を心に刻み輿に揺られたことだろう。

嫁いでのち、家中の質素・倹約につとめて「才色兼備」「賢夫人」と讃えられ、家老・直江兼続《なおえかねつぐ》の妻で6歳年上のお船《せん》の方《かた》を頼り、懸命に奥向きの采配に努める。無口で、めったに笑顔を見せない景勝《かげかつ》だったが、菊姫を大切に扱った。穏やかに心かよわせる日々があったことだろう。

輿入れから3年、戦国の動乱は菊姫からつつましい幸せを奪い取る。勝頼《かつより》が織田・徳川・北条に攻められ、武田家は滅亡。実兄の盛信《もりのぶ》は織田軍の猛攻を受け、高遠城《たかとおじょう》（長野県）で討死。高遠城に身を寄せていた姉の松姫も、盛信の幼い姫たちを連れて武蔵国八王子《むさしのくにはちおうじ》（東京都八王子市）に落ち、出家した。菊姫は頼りとする実家の人びとを失ってしまったのである。

武田家を滅ぼした信長も、その3ヵ月後に京・本能寺《ほんのうじ》で自刃。天下を握った豊臣秀吉は、大名の夫人に京在住を命じた。人質である。嫁いで17年、菊姫は子を授からないまま、1595（文禄4）年、お船の方とともに越後をあとにする。はじめ聚落第《じゅらくだい》に住み、のちに伏見《ふしみ》城下に大名屋敷を与えられた。上杉家は会津《あいづ》120万石に転封《てんぽう》になり、1600（慶長5）年、関ヶ原の合戦に敗れると米沢《よねざわ》30万石に移封《いほう》になる。菊姫は引き続き徳川家康への人質として伏見の上杉屋敷に留め置かれた。話し相手のない菊姫は寂しさを募らせ、病《やまい》がちになっていく。

菊姫に、さらに悲哀が待ち受けていた。景勝が側室を迎えたと知る。病床の菊姫に、側室の懐妊の報が聞こえてきた。世継ぎを産めなかったわが身を責める。

1604（慶長9）年になると菊姫の病状は悪化、2月、米沢から駆けつけた義弟に看取られて42歳の生涯を閉じた。春日山城を去って9年、菊姫は会津にも米沢にも足を踏み入れることはなかった。景勝や上杉家の人びとは「悲嘆かぎりなし」と嘆いたという。遺骸は京の妙心寺《みょうしんじ》亀仙庵《きせんあん》に葬られ、のちに米沢の上杉家墓所・林泉寺《りんせんじ》に改葬された。

菊姫の死に異説が伝えられている。側室の懐妊を聞き、悲嘆のあまり自害したというものだ。事実とすれば哀切きわまりない。菊姫が他界した3ヵ月後、側室に嫡男・玉丸《たままる》（のち定勝《さだかつ》）が生まれたが、側室は産後の肥立ちが悪く、8月、嬰児を残して亡くなる。家中の人びとは菊姫を追慕するあまり、「側室の死は菊姫の怨霊の祟りだ」と噂したという。

伏見城は1592（文禄元）年、豊臣秀吉が隠居後の住まいとするために建設。4年後、慶長伏見地震で倒壊し、1㎞ほど離れた場所に再築され、1598（慶長3）年、秀吉は城内で没した。のち徳川家康が入城するが関ヶ原の合戦の際、焼失。1964（昭和39）年、遊園地の施設として模擬天守が造られたが遊園地閉鎖後、内部は非公開となった。遺構として移築門、石垣、堀があり、建築物の遺構は近畿の寺社などに多く現存する。

05

幼い勝頼を残して世を去った諏訪惣領家の薄幸の姫

上原城と諏訪御料人《すわごりょうにん》

陽にきらめく諏訪湖《すわこ》（長野県岡谷市・諏訪市・下諏訪町）を遠く眺める上原城《うえはらじょう》（茅野市）。視線をめぐらせば、アルプスの山々がそびえる。上原城は標高９７８ｍの永明寺山《えいめいじやま》の西斜面に位置する。永明寺山に産出する花崗岩《かこうがん》を利用し、本郭《ほんぐるわ》・二の郭・三の郭と、段状に郭が配置されている。

築城年代は不明だが、諏訪大社の大祝《おおはふり》（神官）で地元の豪族である諏訪氏によって築かれた。遺構は、郭《くるわ》跡、土塁、堀切などが、森の木立のなかに残っている。武田信玄に滅ぼされた信州の名族・諏訪《すわ》氏の本拠の城である。

武田勝頼《たけだかつより》の母・諏訪御料人《すわごりょうにん》は、１５３０（享禄３）年ごろ、上原城主・諏訪頼重《よりしげ》と側室・小見《おみ》

築城年代は不明。地元の豪族諏訪氏が築き、滅亡後、武田信玄の代官が居城。武田氏滅亡後廃城。遺構は曲輪跡・土塁。

上原城【うえはらじょう】

JR 茅野駅から徒歩 60 分。車では中央自動車道「茅野 IC」から 10 分。

（麻績）の方《かた》の娘に生まれた。実名は不明である。小説では由布姫《ゆふひめ》とか湖衣姫《こいひめ》などとして、そのはかない生涯が描かれる。

1542（天文11）年、諏訪御料人が12歳のとき、上原城は武田信玄《しんげん》に攻められ、父・頼重とその弟・高頼《たかより》は甲府に連行される。諏訪御料人と母・小見《おみ》の方《かた》は、事前に避難していたため無事だった。頼重の正室は信玄の妹・禰々《ねね》であったため、一族は温情ある処遇を期待していたが、信玄は頼重と高頼を捕虜として東光寺に幽閉し、死を命じる。

頼重は「わが遺骸を諏訪の湖に沈めよ」と遺言し、憤怒のなかで自害。27歳であった。わずか16歳の禰々も悲嘆に暮れ、あとを追うように没し、遺児・寅王《とらおう》も早世。諏訪惣領家《すわそうりょうけ》は滅ぶ。大祝職《おおはふり》は頼重《よりしげ》の叔父・諏訪満隣《みつちか》が継承した。

2年後、信玄は、14歳の諏訪御料人を強引に側室に迎える。『甲陽軍鑑《こうようぐんかん》』（武田家の軍学書）はいう。

「頼重の娘は美貌で、信玄公は側室に望んだ。しかし家老らは、滅ぼした頼重の娘は敵にあたるので、側室にするのはよくないと諫《いさ》めた。ところが山本勘助《やまもとかんすけ》が、信玄公の威光はいきわたっている、諏訪の者たちは謀略を企てまい。むしろ、側女になさるのを喜び、御曹子《おんぞうし》誕生のあかつきには諏訪氏再興を望み、忠義を尽くすだろうと言った。これにより信玄は側室に召した」と。武田の家中に、諏訪御料人を迎えることに強い反対があったことを物語る。

父・頼重を無残な死に追いやった信玄。その男に無理やり側室にされた諏訪御料人の胸には、憎しみや怒りが渦まいていたことだろう。その思いとはうらはらに、ほどなく信玄の子を宿し、信玄の4男にあたる男児を産む。初名を四郎《しろう》と名付けられた。信玄は山本勘助の進言どおり、「この子には諏訪氏を継がせよう」と言って、諏訪御料人を慰めたことだろう。だが、この男児こそ、のちに武田氏の家督を継ぐ勝頼なのである。

諏訪御料人が愛児・四郎と過ごした日々はわずかであった。病にむしばまれ、10歳の勝頼を残し、25歳で他界する。諏訪御料人が側室としてどこに住まいを与えられ、どこで没したかは定かではない。側室に召された当初は、信玄の住む躑躅《つつじ》ケ《が》崎館《さきやかた》に迎えられたと思われる。その後は諏訪に帰っていたともいう。

上原城から諏訪湖の東端を巡り、諏訪大社上社《かみしゃ》を経て南方の山中に入っていくと、杖突峠《つえつきとうげ》を経て高遠にいたる。高遠城はかつて諏訪氏の庶流が居城としていたが、信玄に追われ、このころ信玄の伊那《いな》進出の拠点となっていた。この山あいの里で諏訪御料人は亡くなったという伝承が残っている。諏訪御料人が没して7年後、17歳の四郎は高遠城主となって諏訪氏を継ぎ、諏訪氏の通字・頼を用い、諏訪四郎勝頼と名乗った。この日を諏訪御料人はどれほど待ち望んでいたことだろう。信玄はかねて、信濃の懐柔策として、武田の一族に信濃の諸族の名跡《みょうせき》を継がせていた。諏訪氏には、諏訪惣領家の正統を受け継ぐ勝頼を配したのである。

信玄は諏訪御料人を中興開基として高遠の建福寺《けんふくじ》を再興、諏訪御料人の菩提所とした。勝頼は手厚く同寺を保護し、母に孝養を尽くしている。諏訪御料人の母・小見《おみ》の方《かた》は存命しており、勝頼から御大方様《おんおおかたさま》と呼ばれ敬われたという。

勝頼は28歳で武田家20代当主となるが、37歳で織田・徳川軍に敗れ、天目山麓《てんもくさんろく》で妻子とともに自害して果てた。小見の方はこののちまで生き抜いたと伝えられる。

06

夫・武田勝頼の戦勝をひたむきに願った「芝蘭《しらん》」のひと

新府城《しんぷじょう》と勝頼《かつより》夫人

武田勝頼《たけだかつより》の夫人は、嫁いでわずか5年で愛する夫とともに天目山麓《てんもくさんろく》（山梨県韮崎市）に自害して果てた。1582（天正10）、19歳の春のことであった。武田家の菩提所・恵林寺《えりんじ》の快川《かいせん》和尚は、勝頼夫人の気高く慈愛に満ちたさまを、人びとを善に導く香り高い「芝蘭《しらん》」にたとえている。

夫人は相模国《さがみのくに》（神奈川県）北条氏3代当主・氏康《うじやす》の6女、4代当主・氏政《うじまさ》の妹である。1577（天正5）年1月、14歳で勝頼の正室として躑躅ヶ崎館《つつじがさきやかた》（山梨県甲府市）に嫁いだ。名は分かっていない。勝頼は32歳。先妻の遺児・信勝《のぶかつ》は11歳になっており、側室腹の娘たちもいた。

信玄以来の老臣は「このお輿入れで勝頼公が氏政公の妹婿になり、この3年来、初めて心安

1581（天正 9）年、武田勝頼が織田信長軍の鉄砲攻撃に備え築城。のち徳川家康が領有・廃城。遺構は本丸跡・土塁・堀など。城址は韮崎市立公園になっている。

新府城【しんぷじょう】

JR中央線新府駅下車。新府駅西側1㎞、徒歩 15 分。車では中央自動車道「韮崎 IC」から 20 分。

く、夜よく眠れた」とよろこんだという。というのも、一昨年、勝頼は長篠《ながしの》の戦いで織田信長・徳川家康《とくがわいえやす》の連合軍に大敗、家康に対抗するため北条氏と同盟する政略結婚が成ったからだ。

輿入れから2ヵ月足らずの旧暦3月3日、勝頼は諏訪大社下社の秋宮千手堂《あきみやせんじゅどう》の落慶供養に、花嫁や息女など、一門の者を引き連れて参拝（三重塔棟札《むなふだ》による）。今なら4月半ば、春たけなわの諏訪は桜・桃・杏が一斉に花を競い、諏訪湖は蒼い山々を映し、どれほど夫人を慰めたことだろう。勝頼は人間味のある、情のこまやかな人柄であったという。新妻は勝頼に慈しまれ、花を摘み、水にたわむれて館での暮らしに馴染んでいく。

武田家の悲劇は迫っていた。越後《えちご》（新潟県）の上杉謙信《うえすぎけんしん》が急死し、ともに養子の景勝《かげかつ》と景虎《かげとら》が対立。「御館《おたて》の乱《らん》」が起こる。景虎は夫人の10歳ほど年上の兄だが、勝頼は景勝に味方し、妹を嫁がせた。1579（天正7）年3月、景勝が勝って上杉家を継ぎ、景虎は自害。勝頼は夫人の長兄・氏政を敵にまわすことになった。戦国のならいで勝頼は夫人に実家に帰るよう勧めたが、夫人は夫と生涯をともにするのだと、きっぱりと断る。

勝頼は織田・徳川・北条と対立、織田軍の総攻撃の報も伝わってきた。1581（天正9）年3月、高天神城《たかてんじんじょう》（静岡県掛川市）が家康に攻められて落城。12月、勝頼は防備のために急いで築城した新府城《しんぷじょう》（山梨県韮崎市）に、一族や家臣らを率いて移る。金銀珠玉に飾られた輿、きらびやかな馬飾りの行列が群衆のなかを進んでいく。だがこれも落日の最後の輝きに等しかった。翌年1月、勝頼の姉婿の信濃福島《しなのふくしま》城主・木曽義昌《きそよしまさ》が織田に寝返り、重臣、親族衆が離反していく。

2月19日、夫人は夫の武運を祈り、武田神社に自筆の願文を捧げた。夫が逆臣討伐に出陣したことを告げ、義昌をはじめ武田家恩顧《おんこ》の重臣の裏切りを糾弾、孤立無援の夫を思い、「われも相悲しむ、涙また闌干《らんかん》たり（とめどなく流れる）」と訴える。なんと可憐な思慕であろうか。ひたむきに夫の戦勝を願い、謀叛人の討伐を祈っている。「芝蘭」のおもむきを漂わせながら、内面に熱情を抱く夫人の人柄が滲み出ている。

3月3日、新府城では織田軍を防ぎきれないと判断した勝頼は、城に火を放ち、重臣・小山《おや》田信成《だのぶしげ》の誘いで岩殿城《いわどのじょう》へ向かう。しかし信成が裏切り、織田軍が迫る。もはや従う者は夫人や信勝、侍女など40人ばかり、やむなく天目山《てんもくさん》へと敗走する。勝頼は山麓の田野《たの》（山梨県甲州市）で別れの宴を張り、夫人を北条家に逃がそうとした。だが夫人は、「夫婦は二世の契り。手を取り合って三途の川を渡り、のちの世を約束したい」と、脱出を強く拒んだ。ここまで従った供たちに礼を述べ、「立派に自害を遂げたことを小田原に伝えてほしい」と黒髪をひと筋切り落とし、辞世に添えた。

黒髪の乱れたる世ぞはてしなき思ひに消ゆる露の玉の緒

勝頼から介錯《かいしゃく》を命じられた家臣が、夫人のあまりの美しさにためらっていると、夫人は守り刀を抜いて口に含み、地に伏した。駆け寄った勝頼の腕に抱かれ、夫人は浄土へ還っていった。見事な往生は烈女として伝えられる。勝頼の家族と家臣らの菩提は、家康によって田野の景徳院《けいとくいん》に弔われた。

新府城は断崖や川を天然の要害とする台地に築かれ、その規模は躑躅《つつじ》ヶ《が》崎《さき》館《やかた》に匹敵するという。城跡は国の史跡に指定されている。

第二章

信長と姫

07 稲葉山城《いなばやまじょう》〈岐阜城〉と濃姫《のうひめ》

信長の美濃支配に不可欠な伴走者、家内を収めた賢婦人

濃尾平野の北端、岐阜市街の北東部にそびえ立つ金華山《きんかざん》（329m）山頂に築かれた稲葉山城《いなばやまじょう》。長良川《ながらがわ》・木曽川《きそがわ》を天然の堀に、三方を急峻な崖に守られた日本有数の堅城だった。1567（永禄10）年、織田信長は稲葉山城を攻め、城主・斎藤龍興《たつおき》を追放。「岐阜城《ぎふじょう》」と名を改め、以後8年半、信長の「天下布武《てんかふぶ》」の拠点となった。

濃姫《のうひめ》は1535（天文4）年、美濃《みの》（岐阜県南部）の国主・斎藤道三《どうさん》の娘に生まれ、15歳の早春、信長の正室として尾張国《おわりのくに》（愛知県西部）に輿入れした。美濃と尾張の攻守同盟の証《あかし》であった。信長は16歳、りりしい美男子だが、「尾張の大うつけ」（まぬけ、おろか者）ともっぱらの評判だった。

鎌倉時代築城。戦国時代、斎藤道三が修築。織田信長が本格的な城を築き岐阜城と命名。関ヶ原の合戦後、廃城。再建天守が建ち、本丸跡・二の丸跡・信長の居館跡などは岐阜市指定史跡。

稲葉山城（岐阜城）【いなばやまじょう】

JR 東海道本線岐阜駅または名鉄岐阜駅から長良川線バスで 15 分、「岐阜公園」または「歴史博物館前」下車。徒歩 3 分で信長公居館跡。ロープウェイで山頂へ。車では東海北陸道「岐阜各務原 IC」から国道 21 号線を西へ、国道 256 号線へ北上。

「まむしの道三」と呼ばれるしたたかな武将・道三は尾張をのっとろうと企み、嫁ぐ愛娘に、

「婿どのがまことにうつけなら、これで討ち果たせ」

と懐剣を渡した。すると姫は、

「分かりました。でも、もし信長どのがうつけでなければ、この刀で父上を刺すかもしれません」

と笑みを浮かべたという。聡明で気丈な娘であった。

「濃姫とは、美濃から嫁いできた姫」との意味で、実の名は分かっていない。「帰蝶《きちょう》の方《かた》」とか、道三の居城の名にちなみ「鷺山殿《さぎやまどの》」と呼ばれたという。新妻をはじめに「お濃」と呼ん

だのは信長だという。

嫁いでしばらく経ったころ、信長が夜な夜なでかけ、明け方に戻るようになった。怪しんだ濃姫《のうひめ》が問い詰めると、

「美濃の重臣で、わしに内通する者がいる。舅どの・道三《どうさん》を殺したら狼煙《のろし》があがることになっているので、夜ごとに確かめているのだ。狼煙があがったら美濃に攻め込む」

と明かした。

驚いた濃姫は隙を狙って父に密書を送り、危機を報せた。嫁ぎ先の動静を探るのは、戦国の世のならいであった。道三は事実を確かめもせず、信長と通じているとされた家老を斬ってしまう。これは実は信長のはかりごとだった。きっと実家に告げるだろうと濃姫を試し、同時に美濃の内紛を画策したのである。

これが事実なら、政略結婚とは、なんと哀しいものだろう。年若い夫婦が互いを疑い、日々、計略をめぐらして暮らしているのだ。

このの濃姫の消息は、ほとんど知られていない。ふたりのあいだに子はなかったとされるが、「御台出産《みだい》」と記されたものや、娘がいたという文献もあるようだ。男児はなかったため、

信長の愛妾《あいしょう》・吉乃《きつの》が産んだ信忠《のぶただ》を濃姫の養子に迎え、嫡男とした。歴戦の勇士・信忠は19歳のとき、信長から家督を譲られている。

道三の死後、濃姫は離縁されたとの説もあるが、これは疑問だ。1556（弘治2）年、道三は敗死するとき信長に「美濃国譲り状」を渡したと伝えられる。

信長の家臣には尾張衆とともに美濃衆が多い。道三の正統な後継者として美濃を手に入れ、稲葉山城を岐阜城と改めて天下取りの拠点とした信長にとって、美濃のシンボルである濃姫は政治上もなくてはならない存在だった。

また、濃姫は早世したともいうが、生存を示す資料がちらほらと見られる。公家・山科言継《やましなときつぐ》の日記に「信長本妻」の記述があり、近江国成菩提院《おうみのくにじょうぼだいいん》に信長と「御台様」が止宿したという記録が残る。本能寺の変のとき安土城にいて近江・日野城に避難した「安土殿」という女性に600石の知行が与えられた、などと記されたものもある。

妙心寺《みょうしんじ》（京都市）がまとめた『妙心寺史』には信長公夫人が公の一周忌の法要を行ったと記録があり、大徳寺総見院《だいとくじそうけんいん》（京都市）に、濃姫の墓所があるとの研究も発表された。同寺の過去帳によれば享年78である。

わずかな資料にかいまみる濃姫は、戦国武将の娘として、また妻として、気概を抱き、家内をよく収めた賢婦人であったといえよう。信長の美濃支配に不可欠な伴走者として〝天下布武〟を助け、後世にスキャンダルひとつ残さなかったのである。

岐阜城は関ヶ原の合戦の翌年、廃城となった。信長の嫡孫・秀信《ひでのぶ》（幼名・三法師）が西軍に味方し、東軍に惨敗したことによる。現在、天守が復興し、本丸跡、二の丸跡、上格子門《あげごうしもん》跡、信長居館跡などが岐阜市指定史跡になっている。

08

やさしく控えめな人柄で信長に愛された年上のひと

小《こ》牧《まき》山《やま》城《じょう》と生《い》駒《こま》吉《きつ》乃《の》

織田信長《おだのぶなが》にもっとも愛された女性、彼女の名は吉乃《きつの》という。色の白い細面の美女で、やさしく控えめな人柄だったと伝えられる。

信長の寵愛を受け、2男1女をもうけるが、産後の肥立ちがおもわしくないまま、39歳で生を終えた。信長に愛されるようになってから、わずか10年ほどの生涯であった。このとき信長は男泣きしたと『武功夜話《ぶこうやわ》』（伊勢湾台風をきっかけに蔵から発見された前野家《まえのけ》の古文書）はいう。吉乃の菩提所（愛知県江南市）である久昌寺《きゅうしょうじ》に伝わる『久昌寺縁由《えんゆう》』は、「信長公は常に妻女（吉乃）を愛慕し、小牧《こまき》城楼に登り、はるか西方（墓所の方角）を望み、悲涙数行、嘆惜《たんせき》いまだやまず」と記している。

吉乃《きつの》は1528（享禄元）年、尾張国丹羽郡《おわりのくににわ》小折村《こおり》（愛知県江南市小折町）の馬借業《ばしゃく》（運送業）を営む有力豪族・生駒家宗《いこまいえむね》の娘に生まれた。土田弥平次《どたやへいじ》に嫁いだが、1556（弘治2）年9月、夫が戦死して家に戻った。弥平次は信長の母・土田御前《ごぜん》の甥にあたるといわれる。生駒家には信長がたびたび出入りしており、見初められた吉乃はほどなく身ごもる。

正室・濃姫《のうひめ》をはばかって、信長は郡内でひっそりと出産させる。濃姫の出身地の美濃衆の力を必要としていたこと、子のない濃姫の心情を思ってのこととおもわれる。

いずれにしても、美濃との緊迫した関係のもとで政略で嫁いできた濃姫とくらべ、吉乃と過ごすときは心の底からくつろいでいたことだろう。実母に慈しまれることのなかった信長は、6歳年上で心穏やかな吉乃に母性を感じていたのかもしれない。

1557（弘治3）年から年子で長男・奇妙丸《きみょうまる》、2男・茶筅丸《ちゃせんまる》、長女・五徳《ごとく》が生まれた。奇妙丸は名を信忠《のぶただ》と改め、濃姫を養母として織田家の世子となる。戦功を挙げ、信長から美濃・尾張の2ヵ国を譲られるが、本能寺の変で自刃した。茶筅丸は信雄《のぶかつ》と名を改め、戦国の世を生き抜き、織田の名跡《みょうせき》を現代につなぐ。長女・五徳は徳川家康の嫡男・信康《のぶやす》に嫁ぎ、信康とその母・築山殿《つきやまどの》が信長の命で討たれるきっかけを作ることになる。だがそれは、吉乃が亡くなってのちのことだ。

豊臣秀吉《とよとみひでよし》が天下人へと出世したのは、吉乃のおかげだといわれる。駿河《するが》・遠江《とおとうみ》（静岡県）を放浪していた藤吉郎《とうきちろう》（秀吉）は、尾張に帰り、生駒《いこま》屋敷に居つくようになった。ちょうど、吉乃が未亡人になって戻ってきたころだ。藤吉郎は遠慮なく吉乃のそばに寄り、陽気なおしゃべりで機嫌をとり、ときには恥ずかしげもなく、みだらな話もした。信長がやって来ても、おどけた身ぶりでの口達者な話は尽きない。吉乃の兄・家長《いえなが》がたしなめるが、藤吉郎はおかまいなし、しまいには吉乃に、

「御大将の馬の口取りでもかまいません。どうかお申しつけを」

と、奉公の口利きまで願い出た。

「藤吉郎は才覚のある男。きっと、お館さまのお役に立ちましょう」

という吉乃の口添えがあり、信長は藤吉郎に用足しを言いつけてみた。ぬかりなくやり遂げて、清洲城《きよすじょう》への奉公が許されたという。

小牧山城が完成し、清洲城から移った信長は、吉乃を新城の御台御殿《みだいごてん》に移らせるよう生駒家に命じた。しかし、吉乃はあいついだ出産のあと、臥《ふ》せりがちだった。兄が、

「もう、吉乃を動かすのは難しい」

と知らせると、信長は生駒家に駆けつけ、

「忙しさのあまり遠ざかっていたこと、ゆるしたもれ。御台《みだい》の新居でゆっくりと養生なされよ」

といたわった。やさしさに満ちた信長のことばに、吉乃は信長の手をおしいただいて礼を述べ、1565（永禄8）年、力をふりしぼって新御殿に移った。

「この御殿がわたしの住みかとは夢のよう。思えば悲喜こもごもの10年余、すでに38歳の大年増になりましたものを」

と、うれし涙にくれた。

信長は吉乃の手をとって書院に座らせ、3人の子とともに吉乃を「御台《みだい》」、つまり正室として重臣たちに拝謁《はいえつ》させたのである。翌年、吉乃は静かに息をひきとった。

標高86mの小牧山にあった小牧山城は、現在、山全体が公園になっており、桜の名所としても知られる。土塁・空堀・井戸跡・わずかな石垣などが残り、往時をしのばせる。

09

織田の血脈を現代につなぐ信長晩年の愛妾

近江《おうみ》山上城《やまかみじょう》と お鍋《なべ》の方《かた》

お鍋《なべ》の方《かた》は、生駒吉乃《いこまきつの》を喪《うしな》ったあとの、信長晩年の最愛の側室で、信長とのあいだに2男1女をもうけた。

1582（天正10）年、本能寺の変で信長が自刃した4日後に、岐阜の崇福寺《そうふくじ》に手紙を送り、「上様（信長）の位牌所崇福寺にどのような者が乱入しても、お断りなされますよう」と毅然として申し入れ、葬儀後は信長の位牌と遺品を同寺に納めた。信長の側室の筆頭として、葬送の務めをみごとに果たしたのである。

信長との出会いは、これより10年ほどさかのぼる。面《おも》やつれした婦人が岐阜城を訪れ、近江《おうみ》

山上城《やまかみじょう》（滋賀県東近江市山上町）の小倉賢治《おぐらかたはる》（実房《さねふさ》とも）の妻と名のり、

「夫が織田様に味方したため六角氏《ろっかく》（南近江の大名）に攻められ、城は墜ち、夫は自刃。幼い男児2人が捕われてしまいました。どうか子らを助けてください」

と訴えた。

はきはきした口調ながら、とめどなく涙が流れおちる。のちのお鍋の方である。

信長の眼差しは、あたたかかった。1559（永禄2）年、賢治に命を助けられていた。将軍・足利義輝《あしかがよしてる》に謁見を果たした信長が刺客《しかく》に襲われ急ぎ尾張へ戻るとき、難所の多い八風峠《はっぷうとうげ》越えの道案内をしたのが賢治だった。そして1570（元亀元）年、金ヶ崎《かねがさき》の戦い（朝倉義景《あさくらよしかげ》領に侵攻、浅《あ》井長政《ざいながまさ》の裏切りで撤退）で賢治は再度、信長の朽木峠《くちきとうげ》越えに協力。信長に敵対する六角氏の怒りを買い、攻め滅ぼされたのだ。

のち信長は近江を攻略、小倉賢治の息子たちを取り戻し、山上城に近い小倉氏の本拠に館を建てて夫人に与えた。今も壮大な石垣を残す高野城《たかのじょう》（東近江市永源寺高野町）である。

愛妾・吉乃《きつの》を亡くしていた信長は、やがてお鍋の方を側室に迎える。「お鍋」とは、信長が付けた愛称だという。嫡男に奇妙丸《きみょうまる》、2男に茶筅丸《ちゃせんまる》、長女に五徳《ごとく》と名付けた信長である。いか

1499（明応 8）年ごろ小倉氏が創建。近江から伊勢への抜け道にあり繁栄。本丸跡に櫓跡のみが現存。安養寺山門付近に城址石碑がある。

近江山上城【おうみやまかみじょう】

近江鉄道本線・八日市場駅下車、バスで山上へ。車では名神高速道路「八日市 IC」から国道 421 号線へ進む。

にも彼らしい命名といえよう。

優しく聡明なお鍋の方は信長の寵愛を一身に受け、信高《のぶたか》・信吉《のぶよし》・於振《おふり》をもうけた。小倉氏の子は山上の一帯に2000石を賜って栄え、信長とのあいだに生まれた子の子孫は、織田の血脈を現代につないでいく。

文学に親しみ、公家とも親しく交流したお鍋の方は江戸時代まで生き、1612（慶長17）年に没した。大徳寺《だいとくじ》塔頭《たっちゅう》の総見院《そうけんいん》（京都市）の織田家墓所・濃姫の墓近くに葬られ、信高ら3人の子どもたちに囲まれて眠っている。

山上城は小倉荘《おぐらのしょう》、柿御園荘《かきみそののしょう》（東近江市）一帯に勢力を張っていた小倉賢治によって築城された平城である。領内には伊勢に抜ける険しい間道がある。たびたび戦乱に巻き込まれたことから防御に工夫をこらし「山上に3本の抜け道あり」といわれるように、城下には曲がりくねった道や多くの防火用溝を供えていた。現在、本丸跡に櫓《やぐら》跡だけが残っている。南寄りの安養寺《あんようじ》あたりも城域であった。

10

家康が妻を斬り、嫡男を切腹に追いこんだ情報源

安土城《あづちじょう》と徳姫《とくひめ》

織田信長が「天下布武《てんかふぶ》」実現の第一歩として築いた安土城《あづちじょう》。城郭史ばかりでなく、日本建築史をひもといても、安土城を越える壮大さと華麗さを兼ね備えた建造物は例をみない。

1575（天正3）年、長篠の合戦で新兵器の鉄砲を駆使して武田勝頼《たけだかつより》を破った信長は、翌年、安土山に天下人の居城にふさわしい巨大な城の建築を開始。3年後に完成した。宣教師ルイス・フロイスは、黄金に輝く宮殿や広間の豪華さ、絵画などの装飾品の豪華さを記録している。

1579（天正7）年、安土城の信長のもとに、一通の便りが届く。徳川家康《とくがわいえやす》の嫡男・信康《のぶやす》に嫁いだ長女・徳姫《とくひめ》からである。夫・信康との不和、その母・築山殿《つきやまどの》が甲斐の武田氏に内通して

いることなど、12ヵ条の罪状がしたためられていたという。信長が武田氏を猛追しているさなかのことである。家康の使者として安土城に滞在していた酒井忠次《さかいただつぐ》も、徳姫の訴状の内容を認めたと伝えられる。

徳姫は1559(永禄2)年、信長の愛妾・生駒吉乃《いこまきつの》を母に生まれた。幼名を五徳《ごとく》という。炭火の上に置いて鉄瓶などを載せる道具の名だ。五徳の長兄に奇妙丸《きみょうまる》(のちの信忠《のぶただ》)、次兄に茶筅丸《ちゃせんまる》(のちの信雄《のぶかつ》)と名付けた信長のことである。不思議な命名ともいえない。

五徳は8歳で同い年の信康に嫁ぎ、7年後、ともに岡崎城《おかざきじょう》(愛知県岡崎市)に入った。やがて登久姫《とくひめ》、熊姫《ゆうひめ》と二人の姫も生まれる。築山殿《つきやまどの》が元武田家家臣の娘を信康の側室にしたのは、その睦まじさに嫉妬したからだとか、男児が生まれないためで、これにより嫁姑の仲がこじれたなどといわれる。だが、これは伝説にすぎない。徳姫と築山殿は居城が別だったし、当時、側室がいることは当たり前の慣わしだった。

しかし、徳姫と信康が不仲だったことは事実らしく、家康が仲裁に訪れたり、信長も鷹狩と称してたびたび岡崎に出向いたらしい。

徳姫は、信康の領民や家臣への残虐なふるまい、家康との相互不信、築山殿の不行儀と武田

1576（天正4）年織田信長が築いた華麗な大城郭。本能寺の変後炎上。国指定特別史跡。発掘調査が進んでいる。遺構は家康や秀吉の屋敷跡の石垣・天守跡の礎石など。写真は模型。

安土城【あづちじょう】

JR東海道本線（JR琵琶湖線）安土駅から徒歩20分。車では「彦根IC」から35分、「八日市IC」から25分、名神高速道路「竜王IC」から国道8号線へ入り、安土城址を目指す。

方との親密な交際が、父の戦を不利にすると案じたのだろうか。父に甘えて愚痴をこぼしただけかもしれない。

だが、信長にとっては絶好の機会だった。どんどん力を伸ばしていく家康を牽制するため、酒井忠次を通じて家康に信康の切腹と築山殿の処分を求める。信長の力を借りて戦っていた家康は、8月28日、妻を斬り、9月15日、二俣《ふたまた》城《じょう》（静岡県浜松市）で嫡子を切腹させた。

21歳になっていた徳姫は、翌1580年2月、家康に見送られて岡崎城を出立する。姫たち二人は家康に渡した。徳姫は安土城の父のもとへは向かわず、すぐに長兄・信忠の岐阜城《ぎふじょう》に身を寄せたという。

それからわずか2年数ヵ月後、本能寺の変が勃発、父と長兄を失ってしまった。次兄の信雄《のぶかつ》に保護されるが、小牧《こまき》・長久手《ながくて》の戦い後、信雄と秀吉の講和の際、人質として京に移された。

1590（天正18）年、信雄は秀吉によって改易（身分を取り上げられること）される。徳姫は秀吉の処置で亡母の実家である尾張国《おわりのくに》小折《こおり》（愛知県江南市）の生駒氏に身を寄せたが、すぐに京に戻っている。このことに関する秀吉の朱印状も残っていることから、徳姫の処遇は秀吉の支配下にあったと思われる。関ヶ原の戦い後は、松平忠政《まつだいらただまさ》（家康の4男）から所領を与えられ、のち京に隠棲した。

家康の孫娘でもある長女・登久姫は、初代松本藩主・小笠原秀政《おがさわらひでまさ》に嫁ぎ6男2女の母となる。2女・熊姫《ゆうひめ》は家康の家臣・本多忠政《ほんだただまさ》に嫁ぎ、嫡子の忠刻《ただとき》は千姫《せんひめ》（徳川秀忠《ひでただ》の長女）を正室に迎えた。その後徳姫は曾孫の乳母選定の助言をするなど穏やかな日々を送り、1636（寛永13）年、78歳の天寿をまっとうした。

II 利長とともに加賀百万石の礎を築き、恵まれた人生をおくる

金沢城と永《えい》姫《ひめ》

「加賀《かが》百万石」のシンボル金沢城《かなざわじょう》は、犀川《さいかわ》と浅野川《あさのかわ》に挟まれた金沢市の中心部・小立野《こだつの》台地（標高50m～80m）に築かれている。

１５８３（天正11）年、前田利家《まえだとしいえ》が入城し、本格的な城造りを始めた。キリシタン大名・高山《たかやま》右近《うこん》の指導で、大手・搦《から》め手《て》・天守を整備。嫡子・利長《としなが》に石垣普請を命じ、二の丸・三の丸・西の丸・北の丸を設け、近世城郭としての形が整う。以後、１８６９（明治2）年の版籍奉還《はんせきほうかん》まで、14代にわたって前田氏の居城となった。多くの建物は失われたが、門跡、堀、多様な石垣は今も残り、往時をしのばせている。

1998(平成10)年、厳密な考証のもとに五十間長屋《ごじっけんながや》・菱櫓《ひしやぐら》・橋詰門《はしづめもん》続櫓《つづきやぐら》の復元工事が始まり、2001(平成13)年に完成した。総工費46億円、明治以降の城郭建築としては最大規模といわれる。金沢を訪ねる人は年間およそ8百万人にのぼるという。

加賀藩祖・利家の嫡男・利長《としなが》は、若いころから豊臣秀吉《とよとみひでよし》配下の武将として多くの戦に出陣。秀吉や利家が亡くなると、江戸幕府が成立していく困難な局面を苦渋の政治判断で乗り越え、加賀藩の礎《いしずえ》を築いていく。利長の正室が織田信長《おだのぶなが》の4女・永姫《えいひめ》である。

信長の娘は10人ほどいるが、いずれにも不幸の影がつきまとう。長女・徳姫《とくひめ》は徳川家康《とくがわいえやす》の嫡男・信康《のぶやす》に嫁いだが、姑や夫との不和を父に訴え、両人を死に追いやった。2女・冬姫《ふゆひめ》は蒲生《がもう》氏郷《うじさと》との結婚は幸せだったが、夫・息子・孫息子が早死にし、婚家の滅亡を見なければならなかった。

3女・秀姫《ひでひめ》は筒井《つつい》順慶《じゅんけい》の嗣子《しし》・定次《さだつぐ》に嫁いだが、家族はキリシタンの棄教を拒み、夫と息子は自害。中川秀政《なかがわひでまさ》に嫁いだ鶴姫《つるひめ》は夫が朝鮮の役で戦死したのち、没落した織田家に帰された。こうした姉妹のなかで永姫は、もっとも恵まれた人生を送ったといっていい。

1581(天正9)年12月、8歳の永姫は、越前府中《えちぜんふちゅう》(福井県越前市)城主の前田利長(20歳)に嫁

旧加賀一向一揆本拠の御坊跡。1586（天正14）年前田利家が築城開始。以後、前田氏の居城。遺構は石垣・門跡など。現存の石川門・三十間長屋は重要文化財。2001年菱櫓・五十間長屋・橋詰門続櫓を復興。

金沢城【かなざわじょう】

JR金沢駅からバス、「金沢城公園（石川門口）・兼六園（桂坂口）」下車。土曜・日曜・祝日は兼六園シャトルバス運行。車は北陸自動車道「金沢西IC」「金沢東IC」から30分。

いだ。婚礼から半年、利長と永は京の信長を訪ねる途中、本能寺《ほんのうじ》の変《へん》の急報を聞く。利長は新妻を前田氏の本願地・荒子《あらこ》（名古屋市中川区）に逃がし、自らは信長の居城・安土城《あづちじょう》に駆けつけ、明智光秀《あけちみつひで》の来襲にそなえた。

永は家臣に守られて馬で避難する。輿をかつぐために雇った人足が、戦に巻きこまれるのを恐れて去ったからだ。さすが信長の娘、永は幼いながら馬上の疾駆を恐れず、無事に逃げおおせた。やがて大藩の城主夫人としての幸せな日々が訪れる。

永が25歳のとき、利長は前田家の家督を継いで金沢城に入城。しかし、前田家は存亡の危機に直面する。家康は利長に謀反《むほん》の濡れ衣を着せ、

1万騎を配備して恫喝《どうかつ》。母・芳春院《ほうしゅんいん》（まつ）は家康の求めで人質として江戸に下り、のち15年間を江戸で過ごすことになる。永《えい》は人質に送られるのをかろうじて免れた。

2年後、関ヶ原の合戦で利長は豊臣方か徳川方か悩んだすえ徳川方につき、その功で120万石の大名となった。利長を支え続けた永は大大名の正室として金沢城の奥向きを束ね、夫とともに加賀百万石の基礎を築いていく。

仲睦まじい夫妻のただ一つの悩みは、子のないことだった。「どんな身分の方でもかまいません。どうか夫の子を産んでいただきたい」と、けなげに神仏に祈るが、ついに子に恵まれなかった。永が28歳のころ、夫妻は家の存続を願って、夫の異母弟・利常《としつね》を養子に迎えた。4年後、利長は利常に家督を譲り、富山城《とやまじょう》、ついで高岡城《たかおかじょう》（富山県高岡市）に隠居して10年の歳月を送った。

1614（慶長19）年、利長は高岡城で亡くなる。永はただちに剃髪《ていはつ》し、玉泉院《ぎょくせんいん》と名のった。霊山立山《たてやま》（富山県立山町）を信仰していた永は、廃絶していた室堂《むろどう》（修験者が宿泊、祈祷する堂）を再興、雄山《おやま》神社前立社壇《まえだてしゃだん》に石造の狛犬《こまいぬ》一対を寄進した。

利常は金沢城西の丸に豪華な屋敷を建てて養母・永を迎える。それから9年後、50歳で他界。

野田山《のだやま》山頂の前田家墓所の永の墓標は、主家・織田家の姫として、藩祖・利家と妻・まつの墓よりも高い場所に築かれている。

12 北庄城《きたのしょうじょう》とお市《いち》の方《かた》

婚家の動静を知らせ、信長の天下取りへの道を拓いた

安土桃山《あづちももやま》時代に来日した宣教師ルイス・フロイスは、北庄城《きたのしょうじょう》(福井市)の青い石瓦葺《いしがわらぶき》の屋根や9層の大天守の美しさを絶賛、その規模は織田信長《おだのぶなが》の安土城《あづちじょう》の2倍もあると記録している。当時最大級の城の存在がうかがわれる。

1575(天正3)年、信長は越前《えちぜん》(福井県東部)を分割し、現在の福井市の中心部・北庄を柴田《しばた》勝家《かついえ》に与えた。勝家は足羽川《あすわがわ》沿いに居城を定め、壮大な北庄城を築き、商人・職人を招いて城下町の整備を進めた。だが、落城は、わずか8年後のことであった。

北庄城といえば、勝家とお市の方の悲劇を思い浮かべる人も多いだろう。1583(天正11)

1575（天正3）年柴田勝家が壮麗な城を築城。1583（天正11）年勝家・お市の方の自刃で炎上。江戸時代、北庄城地の北寄りに福井城を築城。遺構は石垣跡など。写真はお市の方の像。

北庄城【きたのしょうじょう】

JR 福井駅正面（西口）から福井駅前電車通りを進む。サンロード北ノ庄通りを西に 50m 歩くと、柴田勝家とお市の方ゆかりの場所として有名な北庄城跡（現柴田神社）の参道入り口がある。

年、勝家は賤ヶ岳《しずがたけ》の戦いで羽柴《はしば》（豊臣《とよとみ》）秀吉《ひでよし》に敗れ北庄に敗走、城に火を放って自刃した。妻お市《いち》の方《かた》も勝家とともに果てた。和歌山県の高野《こうや》山持明院《さんじみょういん》に残されている肖像画に見るお市の方は、細面に切れ長の涼しい眼、引き締まった口もとに気品があふれ、「天下一」「絶世の美女」とうたわれた容貌がうかがわれる。

たぐいまれな美貌ゆえに、お市の方の悲劇はいっそう際立つのかもしれない。だが彼女は、ただ政略に弄《もてあそ》ばれただけの不幸な犠牲者だったのだろうか。

お市の方は信長の2番目の妹として尾張《おわり》（愛知県西部）に生まれた。織田家を相続した兄・信長が一族の紛争、美濃《みの》や駿河《するが》を滅ぼすのを見聞きして育つ。聡明なお市《いち》の方《かた》に、信長も期待を深めたことだろう。

信長の政略で北近江《おうみ》の浅井長政《あざいながまさ》に嫁いだとき、長政は20歳、お市の方は18歳。上洛を目指す信長にとって、浅井氏は味方にしておきたい有力な武将であった。

美しく聡明なお市の方を長政は愛し、仲睦まじかったと伝えられる。長政の居城・小谷城《おだにじょう》に住んで小谷の方と呼ばれ、2男3女をもうけた。長男・万福丸《まんぷくまる》、2男・万寿丸《まんじゅまる》、のちに淀殿《よどどの》となる茶々《ちゃちゃ》、京極高次《きょうごくたかつぐ》に嫁ぐお初《はつ》、徳川《とくがわ》2代将軍秀忠《ひでただ》の御台所《みだいどころ》となって3代将軍家光を生むお江《ごう》である。男児は側室の子ともいわれるが、お市の方は慈しんで育てた。

1570(元亀元)年、お市の方に転機が訪れる。越前の朝倉《あさくら》氏が信長と対立。夫・長政は朝倉に呼応して信長に反旗をひるがえす。城内の不穏な気配を察したお市の方は、小豆《あずき》を入れた袋の両端を紐《ひも》で結んで信長に届け、「織田軍は挟み撃ちの危機にある」と知らせたという。

戦国大名の妻たちは美しい飾り物ではない。婚家の動静を収集し実家に報せるのは当然のことだった。いわば実家から派遣された外交官の役割をにない、誇りと英知をもって領国支配や天下取りの野望に共同参画する。信長は、お市の方の機転に助けられて危機を脱し、天下の英雄への道を歩んでいった。

長政は信長に敗れた。落城を前に、お市の方は長政に「ともに自刃を」と懸命に願ったが、長政は「生き延びて姫たちを守るように」と言い含める。3人の姫ともども、秀吉によって炎上する城から助け出された。

それからほぼ10年、1582(天正10)年6月に本能寺《ほんのうじ》の変《へん》で信長が自刃、秀吉が実権を握る。秀吉は若いころから惚れぬいていたお市の方を側室にと望んだが、お市の方は固く拒み、織田家の再興を図って、秀吉と対立していた勝家と再婚した。

姫たちを連れて勝家の北庄城に入った翌春、勝家は秀吉打倒の兵を挙げて惨敗。最期を悟った勝家は、お市の方に城を立ち退くように説得した。が、お市の方は聞かず、姫たちに「父母を弔い、浅井の名を残すように」と諭《さと》し、秀吉に保護を求めて城から出す。

さらぬだに打ち寝《ぬ》るほども夏の夜の別れを誘ふほととぎすかな

辞世を詠《よ》んで勝家とともに自害して果てた。秀吉に屈することを拒み、誇り高く、波乱の生涯にみずから幕を引いたのである。

13 大坂城と淀殿《よどどの》

父母・妹・わが子を愛し、炎上の城に果てる

「浅井《あざい》3姉妹」といわれる茶々《ちゃちゃ》・お初《はつ》・お江《ごう》は、織田信長《おだのぶなが》の姪にあたる。父は戦国大名・浅井長政《ながまさ》、母は信長の妹で戦国一の美女といわれたお市《いち》の方《かた》である。長女の茶々は1567（永禄10）年ごろ、北近江（滋賀県）の小谷城《おだにじょう》で生まれた。

茶々に悲劇が訪れたのは1573（天正元）年、7歳の秋のことだ。父・長政が信長に敵対して攻められる。長政はお市の方と姉妹を羽柴《はしば》（豊臣《とよとみ》）秀吉《ひでよし》の陣に送り届け、自刃した。落城の炎が父や祖父を呑みこんでいく。むごい光景を見つめる茶々の心のうちは、想像にあまりある。わずか10歳の兄・万福丸《まんぷくまる》は捕えられ、信長の命によって秀吉に処刑されてしまう。

信長が構想、のち1583（天正11）年、豊臣秀吉が着工。「天下無双の巨城」。のち徳川幕府の直轄。城跡の埋め込みや再建天守の炎上を経て、1931（昭和6）年、天守を再興。本丸・二の丸は国指定特別史跡。

大坂城【おおさかじょう】

JR環状線・森ノ宮駅、大阪城公園、京阪電車・天満橋駅下車。東大阪方面からの車は13号線、東大阪線「森之宮」出口。神戸方面からの車は同「法円坂」出口。

母子は、お市の方の兄・織田信包《のぶかね》のもとで、しばらくは穏やかな日々を送った。10年後、ふたたび激動が押し寄せる。信長が明智光秀《あけちみつひで》の謀反によって果てた。後継をめぐって秀吉と柴田《しばた》勝家《かついえ》が対立。お市の方は秀吉を嫌い、織田家の再興をかけて勝家と再婚、姉妹を連れて勝家の北庄城《きたのしょうじょう》に移った。しかし、翌年、賤ヶ岳《しずがたけ》の戦いで勝家は秀吉に敗れる。

　お市の方は北庄城からの脱出を拒み、茶々たちに「生きて父と母の菩提を弔ってほしい」と涙ながらに諭《さと》し、燃え落ちる北庄城で勝家とともに自害した。姉妹は秀吉に保護される。茶々はすでに10代なかば、多感な年ごろである。父と母、兄や義父の命を奪った秀吉への憎しみと、権力の前になすすべもない敗者の哀れを胸に深く刻みつけたことだろう。

秀吉は大坂城で姉妹に贅《ぜい》のかぎりを尽くした暮らしを与える。ほどなくお初《はつ》とお江《ごう》を嫁がせ、茶々《ちゃちゃ》を側室にした。茶々はことあるごとに「浅井の誇りを失わないように」と妹たちに言い聞かせていたという。

どのような気持ちで秀吉の側室になったのだろうか。母が嫌い、みずからも憎みぬいてきた男だ。しかも30も年が違う。

豪華な暮らしで憎しみが風化したとは考えにくい。戦国の女の運命であると、時勢の流れに身を委ねたのだろうか。いや、はっきりとした意思のもとに決断したにちがいない。母の遺言である父母の菩提を弔うため、わが子を得て浅井の血脈を伝えるため、と。

長男・鶴松《つるまつ》を授かると秀吉から淀城を与えられ、「淀殿《よどどの》」と呼ばれる。鶴松が早世したあと秀《ひで》頼《より》をもうけ、絶大な権力をふるうようになった。のちの世に淀殿の悪女伝説がふくらむのは、このころからの出来事が多い。秀吉の正室・北政所《きたのまんどころ》（おね）と対立したとか、淀殿以外の側室は懐妊していないから鶴松や秀頼は秀吉の子ではない、というものだ。

おねとの確執については、ほとんどなかったといっていい。秀吉はおねを第一に立てていたし、おねの人柄も揉め事からは超越していた。また、秀吉には近江長浜城《ながはまじょう》（滋賀県長浜市）の城主時代に、早世した男児があった。不義の噂を打ち消しきれないにしても、「淀殿のほかは懐妊しなかった」とはいえない。

1598（慶長3）年、秀吉は秀頼の将来に心を残しつつ他界。1600（慶長5）年、秀吉の寵臣・石田三成《いしだみつなり》と徳川家康による関ヶ原の戦いで家康が勝利。淀殿は、江戸に幕府を開いた家康と対立を深めていく。

お初が和平を取り持つが、老獪な家康の策略に追い込まれ、1614（慶長19）年の大坂冬の陣、翌年の夏の陣で徳川方に完敗する。淀殿は秀頼の正室・千姫《せんひめ》や側室と子ら、侍女たちを逃がし、大坂城に火を放って秀頼とともに自害。大坂城は落城し、豊臣家は滅亡した。野望渦巻く動乱の世に、淀殿は変幻自在に立ち回る政治力を持ち合わせなかったといえよう。

お市の方の遺言を守り、浅井の血脈を伝えるため、淀殿は一族へのひたむきな愛をつらぬき、多くの事績を残した。父母の供養のために京都東山に養源院《ようげんいん》を建立。淀殿亡きあとは、徳川2代将軍・秀忠《ひでただ》夫人となったお江が供養を引き継ぐ。

お江の先夫・羽柴秀勝の遺児・完子《さだこ》を養女にして育て、太閤の側室という立場を活用して五《ご》摂家《せっけ》の九条《くじょう》家に嫁がせ、公家と武家の貴重な仲介役を果たした。完子《さだこ》のもうけた九条家の子孫は、現代の皇室にも血脈を伝える。

お江《ごう》の5女・和子《まさこ》が後水尾《ごみずのお》天皇の中宮として入内《じゅだい》するための工作にも力を尽くした。和子の産んだ女一宮《おんないちのみや》は明正《めいしょう》天皇として即位する。

気位が高く、意地を張って豊臣家を滅ぼしたと俗にいわれる淀殿だが、悪女説は、勝者である徳川の世に、敗者をおとしめるために創られた物語にすぎない。

秀吉が機動力・知謀・戦略・人心掌握術を駆使し、天下人となって築いた大坂城。「天下無双」といわれた巨城も栄華も、淀殿の悲運を呑みこみ夢と消えた。のちに再建された大坂城は落雷や幕末の動乱で焼失。

1931(昭和6)年、市民の寄付で5層8階の天守を復興、大手門・千貫櫓《せんがんやぐら》などは重要文化財、本丸と二の丸は国の特別史跡に指定された。天守内には秀吉の栄華の象徴「黄金の茶室」も復元され、絶大な権力を目の当たりによみがえらせる。

14 冷静な判断力で、和平の使者を務めた交渉人

大津《おおつ》城《じょう》とお初《はつ》

琵琶湖の南端、現在の琵琶湖大津港桟橋付近にあった大津城《おおつじょう》。織田信長《おだのぶなが》を滅ぼした明智光《あけちみつ》秀《ひで》の居城・坂本城《さかもとじょう》（滋賀県大津市）が廃城になり、大津城はその部材で築かれた。

1970（昭和45）年ごろまでは石垣が湖岸の波に洗われていたが、城郭遺構《じょうかくいこう》は埋め立てで姿を消した。いまは大津城跡の碑だけが残されている。

大津城は関ヶ原の戦いで、歴史を決する大きな役割を果たした。激しい攻防戦が繰り広げられ、その騒音は連日京都まで響き、京市民のなかには弁当・水筒を持って見物に行く者もあったという。

1600(慶長5)年、西軍を率いるのは石田三成《いしだみつなり》、東軍の総大将は徳川家康《とくがわいえやす》。大津城主・京《きょう》極高次《ごくたかつぐ》は徳川方を表明する。開戦を前に津城に立ち寄った家康を、高次の正室・お初《はつ》は心をこめてもてなした。

お初は近江小谷《おうみおだに》城主・浅井長政とお市《いち》の方《かた》の2女に生まれた。4歳のとき、父は、織田信長軍の先鋒・羽柴《はしば》(豊臣《とよとみ》)秀吉《ひでよし》に攻められて自刃。城を脱出した母と、茶々《ちゃちゃ》・お初・お江《ごう》の3姉妹の目の前で、小谷城は落城の炎に呑まれる。

10年後、母は秀吉と対立する柴田勝家《しばたかついえ》と再婚。だが勝家は秀吉に敗れ、母とともに焼け落ちる北庄城《きたのしょうじょう》に果てる。姉妹は秀吉に引き取られた。

お初はすでに10代の半ば、多感な年ごろを迎えていた。敵将・秀吉に保護され暮らしを委ねるのは、どれほど苦痛だったことだろう。

18歳になると、秀吉の命で、近江の名門・京極高次に嫁いだ。高次は浅井長政の姉の子なので、お初のいとこにあたる。明智光秀や柴田勝家に与《くみ》し、秀吉から追及された高次は、姉・京《きょう》極龍子《ごくたつこ》(松の丸殿)を秀吉の側室に差し出し、近江八幡山城《おうみはちまんやまじょう》2万8千石を拝領。そのため、姉の七光りで出世した〝ほたる大名〟と陰口をたたかれる。

関ヶ原の合戦で徳川方に与《くみ》した高次は大津城に籠城。三成軍に城を囲まれ、激しい砲撃を受ける。城下町は焼き払われ、荒野と化した。高次は善戦し、7日間籠城戦を耐えるが、雨あられと注ぐ砲弾を受け、ついに城を明け渡す。関ヶ原の決戦当日のことである。あと半日持ちこたえれば、大勝した家康を出迎える栄誉を得たはずであった。

幼くして父母を失い、2度の落城から逃れたお初は、関ヶ原の戦いで3度目の落城に遭ったのである。

高次は籠城の功により、家康から若狭小浜《わかさおばま》8万5千石に封じられた。お初の妹・お江が家康の3男・秀忠《ひでただ》（のち徳川2代将軍）の正室になっていたためもあろう。どこまでも女性運に恵まれた高次であった。

実子のないお初は、秀忠とお江の4女・初姫を養女に迎え、高次の側室の子・忠高《ただたか》に娶《めと》らせて京極家を継がせた。

大坂城の女主・淀殿（お初の姉の茶々）は、家康と対立を深め、1614（慶長19）年、大坂冬の陣が勃発する。高次はすでに他界し、剃髪《ていはつ》して常高院《じょうこういん》と名のっていたお初は、大坂城にしばしば足を運んでいた。

豊臣家を滅ぼそうと、徳川軍が大坂城を包囲。姉妹が敵味方に分かれたことに心を痛めるお初は、和平の使者を務める。淀殿と秀頼の助命を請い、家康の陣と大坂城を何度も行き来して談判し、ついに講和を取り付ける。

翌年、夏の陣でも、お初は講和に奔走したが、万策尽きて大坂城を脱出。淀殿と秀頼は、お初の願いもむなしく自刃、大坂城は紅蓮《ぐれん》の炎に包まれる。お初にとって4度目の落城であった。しかし、お初の務めはまだ終わらない。大坂城を脱出した秀頼と側室のあいだの娘・奈阿姫《なあひめ》を保護し、千姫（家康の孫・秀頼の正室）に助命を嘆願したのはお初だといわれている。奈阿姫は千姫の養女として鎌倉東慶寺《とうけいじ》に入り、同寺の20世住職となった。お初は江戸で暮らし、お江とも親しむが、お江にも先立たれてしまう。

3姉妹のうち一人残ったお初は、小谷城落城のとき逃げ延びた弟・喜八郎《きはちろう》の身の振り方に心を砕き、京極氏が所領する丸亀藩《まるがめ》（香川県西部）に仕えさせた。子孫はのちのちまで続き、浅井の家名はお初によって存続を果たしたのである。

1633（寛永10）年、お初は64歳で没した。このとき、お初を慕う侍女7人が尼になったという。冷静な判断力を持つ、ほっそりとした、高貴さのただよう美貌だったと伝えられる。

15

「大御台《おおみだい》」と敬われ、260年にわたる平和の礎を築く

江戸城とお江《ごう》

戦国時代、もっとも数奇な運命をたどったといわれる茶々《ちゃちゃ》（淀殿《よどどの》）、お初《はつ》、お江《ごう》（小督《おごう》、お江与《えよ》）の「浅井《あざい》3姉妹」。末の姫・お江は流転の前半生をあゆみ、のち江戸城《えどじょう》大奥の主として華麗な生涯を送った。

お江は1573（天正元）年、近江《おうみ》小谷城《おだにじょう》（滋賀県長浜市）の城主・浅井長政《ながまさ》とお市《いち》の方《かた》の3女に生まれた。生後すぐに伯父・織田信長《おだのぶなが》が小谷城に攻め寄せる。総攻撃を前にして、お市の方と7歳の茶々、4歳のお初、お江は小谷城を脱出。父・長政は自刃し、炎上する城とともに果てたことを、いとけないお江は知るよしもない。母子は織田信包《のぶかね》（お市の方の兄）に引き取られ、伊《い》

勢上野城《せうえのじょう》（津市）で、しばらくは平穏な日々を送る。

だが、またしても悲運が襲いかかった。1582（天正10）年6月、「本能寺の変」で信長が自刃。その跡目をめぐって羽柴《はしば》（豊臣《とよとみ》）秀吉《ひでよし》と柴田勝家《しばたかついえ》が対立する。お市の方は織田家の復興を託して勝家に嫁ぎ、3姉妹も母とともに勝家の北庄城《きたのしょうじょう》（福井市）に移った。

半年後、勝家は賤ヶ岳《しずがたけ》の戦いで秀吉に敗れ、北庄城は包囲される。お市の方は城を出ることを拒み、嘆き悲しむ姫たちに「生き延びて、末永く父や母の菩提を弔ってほしい」と諭して逃がした。

茶々17歳、お初14歳、お江10歳、多感な年ごろを迎えていた姉妹は、どのような思いで母と義父を呑みこんで焼け落ちる北庄城を眺めたことであろう。その悲しみ痛みは察してあまりある。

3姉妹は敵将・秀吉に保護された。姫たちは仲がよく、お市の方に似て、いずれも美しかったという。花のようにあでやかな政略結婚のコマを手に入れた秀吉は、さぞかし満足だったに違いない。

翌々年、秀吉は12歳のお江を尾張国知多郡《おわりのくにちたごおり》（愛知県常滑市）大野城《おおのじょう》主で16歳の佐治一成《さじかずなり》に嫁

1457（長禄元）年、太田道灌が築城。以後北条氏の軍事拠点。1590年以後、徳川家康が拡張・整備。徳川幕府15代将軍の居城。1868（明治元）年から皇居。国指定特別史跡の城跡には多くの遺構が見られる。東御苑は1968（昭和43）年から公開。

江戸城【えどじょう】

JR東京駅から徒歩7分、東京メトロ九段下駅、大手町、霞が関などからも近い。

がせた。わずか数ヵ月のち、一成は秀吉に敵対。お江は秀吉のもとへ呼び戻され離縁される。このころ茶々は秀吉の側室になり、お初は近江の名門・京極高次《きょうごくたかつぐ》に嫁いだ。

お江は20歳で秀吉の甥・羽柴秀勝《ひでかつ》と再婚。1ヵ月後、秀勝は朝鮮《ちょうせん》の役《えき》に出陣し、病死してしまう。夫の没後に生まれた女児・完子《さだこ》は茶々（淀殿）に育てられ、のちに彼女の尽力で五《ご》摂家《せっけ》の九条《くじょう》家に嫁ぐ。

23歳になったお江に運命のときが訪れる。秀吉の政略により徳川家康の3男で6歳年下の徳川秀忠《ひでただ》と再々婚。ほどなく秀吉が没し、関ヶ原の戦い、家康の征夷大将軍就任、江戸幕府開幕を経て、夫・秀忠は将軍職となった。

姉の淀殿《よどどの》が秀吉の遺児・秀頼《ひでより》を擁して家康と対立を深めるなか、お江《ごう》は徳川幕府の支えとなる2男5女をもうけ、江戸城大奥のしくみを整えていく。5女・和子《まさこ》は後水尾《ごみずのお》天皇に輿入れし、その娘・興子《おきこ》内親王は奈良時代以来の女帝・第109代明正《めいしょう》天皇として即位。長男・家光《いえみつ》は徳川3代将軍として幕府の基礎を強固にした。

九条家に嫁いだ先夫の子・完子《さだこ》は男児をもうけ、その血脈は現在の皇室につながる。天下統一を目指し散って行った浅井長政と織田信長。彼らの宿願は、お江によって、ついに叶えられたといえよう。

逆境をものともせず、おおらかに、しなやかに生き抜いたお江。「大御台《おおみだい》」と敬われ、妻として、母として、徳川治世下の260年にわたる平和の土台を築いた。栄華のさなかの1626（寛永3）年、お江は江戸城で54年の生涯を閉じ、江戸の芝増上寺《しばぞうじょうじ》に葬られた。

1958（昭和33）年、増上寺の徳川家墓所の発掘調査が行われた。火葬された遺骨から推し量るお江は、小柄で華奢な美人であったようだ。

天下人の居城・江戸城。戦国期の築城術の粋があつめられ、敵の侵入をくい止める深い堀、そそり立つ石垣、桔橋《はねばし》、桝形門《ますがたもん》、豪壮な櫓《やぐら》。さらに、壮大な天守と城内を埋め尽くす殿舎群。

幕藩体制が創りだした、近世日本最大の城郭であった。現在、櫓3基、多聞《たもん》櫓3基のほか、多くの城門や石垣を残す。1968(昭和43)年、旧本丸、大奥跡、二の丸、三の丸の一部が東御苑として公開され、往時の壮麗なたたずまいをしのばせる。

16

戦乱のはざまの愛は信長の怒りをかい、非業の死へ

岩村城《いわむらじょう》とおつやの方

岐阜県恵那《えな》市の岩村城《いわむらじょう》は1185（文治元）年、源頼朝《みなもとのよりとも》の家臣によって築城された。東美濃《ひがしみの》の重要な地にあり、戦国時代、遠山《とおやま》氏が改修、石垣は築かなかったが、空堀と土塁で要塞化し、大規模な城郭とした。豊かな水が沸き出す山城は、霧が多く発生することから「霧ヶ城《きりがじょう》」とも呼ばれた。

江戸時代には土塁に沿って石垣が築かれたが、城域のあちこちに戦国期の土塁や土橋跡が見られる。遺構は本丸・二の丸・三の丸・出丸の跡と、櫓《やぐら》の礎石・井戸・六段壁の異名を持つ本丸虎口《こぐち》（大手口）の石垣などがよく残っている。1990（平成2）年、藩主邸の一部・御殿門《ごてんもん》・太鼓

1185（文治元）年、源頼朝の家臣が築城。戦国時代、織田・武田が争奪戦。江戸時代は松平氏などが居城。太鼓櫓・藩校を再建。遺構は曲輪跡・石垣・櫓礎石など。

岩村城【いわむらじょう】

明知鉄道・岩村駅下車、徒歩15分。車の場合は中央道「恵那IC」から国道257号線を進む。

櫓・土塀などが復元された。海抜７１７ｍに位置し、日本三大山城のひとつに数えられる。険しい山上の城跡に、女城主・おつやの方（一説にお直の方）の悲哀が刻まれている。

おつやの方は織田信長《おだのぶなが》の年若い叔母にあたる。生年や実名は分からない。岩村城は美濃（岐阜県南部）と信濃《しなの》（長野県）国境にあるため、織田氏と武田《たけだ》氏が激しくぶつかりあう地にあった。信長は、武田氏によしみを通じている遠山景任《とおやまかげとう》に美貌のおつやの方を嫁がせ、自身の陣営に組み込んだ。

景任が信長方になったため、甲斐《かい》（山梨県）の武田信玄《しんげん》は岩村城を奪還しようと軍を起こし、１５７０（元亀元）年暮れ、武田24将のひとり、秋山信友《あきやまのぶとも》に攻めさせる。遠山一族は多くを戦死させるが、武田軍を阻止、城を死守した。ほどなく景任《かげとう》が病死する。信玄は必ずや再攻してくるだろうと、おつやの方は重臣らと策を練る。おつやには子がないので、信長の５男・坊丸《ぼうまる》を養子に貰い受け、織田家とのつながりを強化することにした。後見として、おつやの方が女城主となる。信長がよろこんで坊丸を差出し、重臣や援軍を岩村城に送り込んだのは、東美濃を手にしておきたいための策略であろう。

１５７２（元亀３）年、上洛を目指す信玄は、またもや秋山に岩村城を攻めさせる。おつやの方は信長に救援を求めるが、信玄の猛攻に手いっぱいの信長に余裕はない。岩村城は孤立、籠《ろう》城《じょう》が２ヵ月におよび、信長への不信が募っていく。

一方、秋山は信長攻めの武田本隊に合流する任を負っていた。しかし、堅固な岩村城は落ちない。焦った秋山は岩村城の内部攪乱を図る。武田につけば要職に就くことができる、恩賞はたっぷりだと誘う。城内からぞくぞくと離反者が出た。その一方、女城主には和睦を申し出る。「和議が成り、自分が城に入ったら、お方を妻にしたい。坊丸はふたりの養子にし、成人したら家督を継がせよう。家臣は城にとどまってもよい」という。

おつやの方は秋山と面識があった。信長と信玄が友好関係にあったころ、秋山は何度か尾張を訪れていた。武にすぐれ、知にたけた、颯爽《さっそう》とした男ぶりの武将だと覚えている。
岩村城では兵糧《ひょうろう》も尽き、落城・自刃のときが迫っていた。恐怖のなかで、家臣はおつやの方に和議を迫る。やむなく、おつやの方は開城を決断し、岩村城主・秋山信友の妻の座についた。歴戦の勇将・秋山は43歳、美貌のおつやの方は女盛りの35歳ほどだった。ふたりはやがて、慈しみあうようになる。

おつやの方は秋山の指図どおり、坊丸を武田の人質として甲斐に送り、武田方に寝返った。ふたりの結びつきは戦乱のはざまの愛なのか、生き残りをかけた策略かは、推し量るしかない。

信玄が没し、勢いづいた信長は、叔母の裏切りに激怒し、1575(天正3)年5月、嫡子・信忠《のぶただ》の軍3万を岩村城に送り、猛攻を命じる。5ヵ月の籠城ののち、秋山は兵とその家族の命乞いをして降伏。まさか叔母を斬りはすまいと判断したが、腹の収まらない信長は、城外に出た女・子どもなど家臣の家族全員3000人を虐殺。秋山とおつやの方、主だった武将を長良川の河原で逆さ《さか》磔《はりつけ》にした。2人の蜜月は2年数ヵ月で幕を閉じた。

おつやの方は信長の非道を恨み、「信長よ、必ずや、この報いを受けようぞ」と呪いの言葉を発して息絶えたと伝えられる。本能寺《ほんのうじ》の変《へん》で信長が自刃したのは、7年後のことである。

17 坂本城と熙子《ひろこ》

黒髪を売り、夫のために連歌の集いをもてなした賢女

明智光秀《あけちみつひで》の居城・坂本城《さかもと》は、織田信長《おだのぶなが》の比叡山《ひえいざん》焼き討ちのあと、信長の命によって1571(元亀2)年に築城された。城地は現在の滋賀県大津市郊外にあたる。信長の目的は、光秀の支配のもとで比叡山延暦寺《えんりゃくじ》を監視し、琵琶湖の制海権を握ることにあった。

比叡の山脈と琵琶湖を天然の要害とする坂本城は、城内に琵琶湖の水を引き入れた水城《みずしろ》形式で、高い天守があり、「その結構、壮美なるには眼を驚かす」と、当時の人びとに絶賛された。宣教師のルイス・フロイスは著書『日本史』に、「豪壮華麗で安土《あづち》城に次ぐ天下の名城」と記している。

1571（元亀2）年、明智光秀が豪壮な城を築城。本能寺の変後炎上。琵琶湖畔の公園に光秀像が立ち、わずかに石垣跡が残る。

坂本城【さかもとじょう】

JR湖西線比叡山坂本駅から徒歩10分。車の場合は名神高速道路「大津IC」下車20分。

光秀の出自や前半生は、今も謎のままだ。分かっているのは、信長の家臣として頭角をあらわしてから本能寺の変までの、15年足らずの間のことでしかない。「主殺し」の「悪行」のため、多くの資料が隠され、捨て去られたためだという。

だが、光秀の妻・熙子《ひろこ》には、美しい心ばえを伝える逸話が残っていて、光秀との相愛ぶりと、「糟糠《そうこう》の妻」の姿が浮かび上がってくる。

熙子は美濃《みの》土岐《とき》郡（岐阜県土岐市）の土豪・妻木《つまき》勘解由左衛門範熙《かげゆざえもんのりひろ》の長女と伝えられる。愛らしさや控えめな人柄、才知は家中でも評判だった。15、16歳になった1550（天文19）年ごろ、22、23歳の光秀との婚約が調う。ふたりはかねてから親しく、気のあう仲だったともいう。

嫁ぐ日が決まったある日、熙子《ひろこ》は不幸にみまわれた。疱瘡《とうそう》（天然痘）を患ったのである。命はとりとめたものの、美貌の顔立ちに無残な痘痕《あばた》が残ってしまった。申し訳なく思った父の範熙《のりひろ》は、考えたすえ、熙子とうりふたつの妹を嫁がせた。

すぐに気付いた光秀は「容貌は歳月や病で変わるもの。変わらないのは心の美しさです。熙子どのを妻と決めているので、約束どおりもらい受けたい」という手紙を添えて、妹をていねいに送り返し、あらためて熙子を妻に迎えた。

なんと誠実で情に厚い人柄だろうか。その情に報いたいと、熙子は光秀によく尽くし、不遇な時代の夫を陰で支え、功名を助けていく。

新婚まもなく、美濃の斉藤道三《さいとうどうさん》が子の義龍《よしたつ》に討たれ、道三派とみなされた光秀は越前《えちぜん》（福井県）へ逃れる。峠越えでは身重の熙子を光秀が背負った。家臣が代わろうとしても、光秀は譲らなかったという。

越前の朝倉義景《あさくらよしかげ》に仕えはじめたころ、自宅で連歌《れんが》の会を催すことになった。連歌の集いともなれば、上等な酒や肴で客をもてなさなければならない。暮らし向きは苦しく、余裕はなかった。だが、熙子はみごとな品々を用意し、光秀は面目をほどこしたのである。

熙子が豊かな黒髪を売って費用にあてたと知った光秀は、その献身に深く胸を打たれた。貧しくとも、ふたりは睦まじかった。嫡子光慶《みつよし》、細川忠興《ほそかわただおき》に嫁いで名を残す玉子《たまこ》（ガラシャ）など、たくさんの子女に恵まれた。

やがて光秀は信長に仕え、武功を重ねて大軍を任される。近江滋賀郡《おうみしが》を与えられ、坂本城を築いて一国一城の主となった。次々と戦功を挙げていく光秀が、石山本願寺《いしやまほんがんじ》攻めのさなかに病に倒れた。

熙子は神仏に加護を祈り、2ヵ月ほど寝ずの介抱をする。光秀が回復すると、今度は熙子が倒れた。光秀は人手に委ねることなく、みずから手厚く看病した。熙子をいたわる光秀は、側室を持たなかったと伝えられている。

光秀は信長から丹波《たんば》一国（京都府中部・兵庫県北東部の一部ほか）をもらい、丹後《たんご》（京都府北部）にも所領を増した。しかし、犠牲もいとわず冷徹な戦略をとる信長と、真面目で慎重な光秀との間に亀裂が広がっていく。信長は突然、光秀の領地・丹波国を召し上げてしまう。

1582（天正10）年6月2日未明、光秀はついに反旗をひるがえし、信長を本能寺《ほんのうじ》に自刃させた。安土城《あづちじょう》などを接収し、京の町衆の諸税を免除するなど一度は天下を握るが、中国地方で毛利《もうり》氏と戦っていた羽柴秀吉《はしばひでよし》が怒涛の勢いで引き返してきた。「中国大返し」である。山崎の合戦で光秀は敗れ、坂本に敗走する途中、山城国《やましろのくに》小栗栖《おぐるす》（京都市伏見区）あたりで土民の手にかかり落命したと伝えられる。6月13日のことであった。

熙子《ひろこ》は坂本城で光秀の敗死を知った。城主の留守を預かる熙子は控えめなだけの妻ではなかった。「明智の命運はもはやこれまで。すべての金銀を家臣の家族らに分け与え、落ち延びさせよ」と、毅然として指示を下す。

6月14日、熙子は城に火を放ち、一族とともに、深い絆で結ばれた夫のあとを追った。享年は48とも、53ともいう。熙子の黒髪の美談は、それからおよそ100年後、俳人松尾芭蕉《まつおばしょう》によって世に広まり、物語でも評判になった。

月さびよ明智が妻の咄《はなし》せむ　芭蕉

1689（元禄2）年、『奥の細道』の旅の途中、芭蕉は越前で称念寺に宿を借り、門前で仮住まいしていた光秀夫妻の逸話を聞き知った。

大垣《おおがき》で旅を終えると、伊勢《いせ》の遷宮を拝もうと、伊勢山田《やまだ》に住む門人・又玄《ゆうげん》を訪ねていく。月明かりのもと、つましい暮らしのなかで、けなげにもてなす又玄の若妻に熙子の姿がかさなり、しみじみと語ったのである。

句碑は明智家の菩提所・西教寺《さいきょうじ》（大津市坂本）に建てられている。

ながらく不明になっていた坂本城のあとは、１９７９（昭和54）年の発掘調査で明らかになってきた。壮麗な城は今、葦の繁る琵琶湖のほとりに、わずかな石垣跡を残すばかりである。

第二章

秀吉と姫

18 長浜城《ながはまじょう》とおね

豊臣政権の中枢を束ねた、秀吉のかけがえのないパートナー

長浜城《ながはまじょう》（滋賀県長浜市）天守から西に、琵琶湖《びわこ》と比良《ひら》の山々が霞む。その山向こうは京だ。羽《は》柴《しば》（豊臣《とよとみ》）秀吉《ひでよし》の天下取りは、ここからはじまった。

1573（天正元）年、浅井長政《あざいながまさ》の旧領を織田信長《おだのぶなが》から与えられた秀吉は、翌年、浅井氏の小《お》谷城《だにじょう》（滋賀県長浜市）の建材などを用いて琵琶湖畔に築城を開始。2年後、小谷城から長浜城に入城、城下町も小谷からそっくり移した。

秀吉の恋女房おねは、1541（天文10）年、尾張国《おわりのくに》（愛知県）朝日《あさひ》村の杉原定利《すぎはらさだとし》の2女に生まれ、21歳のとき、25歳の秀吉と婚礼を挙げた。おねの両親の反対を押し切っての恋愛結婚だっ

1573（天正元）年、羽柴秀吉が築城開始。1615（元和元）年、廃城。彦根城に移築。1983（昭和 58）年、天守が復興、歴史博物館となる。遺構は天守台跡・太閤井戸跡など。

長浜城【ながはまじょう】

JR 琵琶湖線、あるいは北陸線・長浜駅下車、徒歩 8 分。東海道新幹線の場合は米原で北陸本線に乗り換え。京阪神からは新快速「長浜」行きを利用。車の場合は北陸自動車道「長浜 IC」から 15 分。

たと伝えられる。後年のおねの回想によれば、長屋の土間に簀掻藁《すがきわら》を敷き、薄縁《うすべり》（ござ）をひろげて座敷がわりにして盃をかわしたという。

秀吉は信長の戦に従って手柄をたて、とんとん拍子に出世し、長浜城主となる。おねは12万石の大名の妻となった。

秀吉が城下の町人の年貢や諸役を厳しくしようとすると、おねは「それは不憫《ふびん》だ」と反対、引き締め策は白紙に戻された。撤回の処置は、秀吉の命でおねが奉行に申し渡した。

こうして大名の妻として領国内の行政にかかわるばかりでなく、家政の切り盛り役も果たしていた。安土城《あづちじょう》に挨拶に出向いたおねに対する、信長からの書状が残っている。

信長はみごとな土産に礼を述べ、おねの容姿が以前よりも美しくなったとほめ、これからはゆったりと正室らしくふるまい、軽々しく嫉妬などしないで、うまく藤吉郎《とうきちろう》(秀吉)をあしらうがよいと記されている。夫の上司に礼をつくし、ついでに夫の浮気の愚痴をぽろりとこぼすことができたのも、部下の正室として上司から一目おかれていたからだろう。信長と秀吉の主従関係、それを維持するうえでの、信長とのおおらかなやりとりがうかがわれる。

おねには実子がなかった。福島正則《ふくしままさのり》や加藤清正《かとうきよまさ》など遠縁の子らを幼いころから預かり、わが子のように可愛がって育てた。やがて彼ら子飼いの武将たちは、「賤ヶ岳《しずがたけ》七本槍」に数えられるなど、武勇を発揮して秀吉の出世をおおいに支えた。

1582(天正10)年、本能寺《ほんのうじ》の変《へん》が起きると、おねは家臣の妻子らと東近江《ひがしおうみ》の山奥に逃れたが、生後間もない秀俊《ひでとし》(秀吉の養子・おねの甥、のちの小早川秀秋《こばやかわひであき》)だけは寺に預けた。戦場を駆ける夫の背後で、嗣子の養育と保護、家臣の家族の庇護など、冷静に判断し、敏速に行動している。

1585(天正13)年、秀吉が関白になると大坂城に住み、北政所《きたのまんどころ》と呼ばれ、朝廷とも贈り物を交換するなど交流を深め、豊臣政権の朝廷外交をスムーズにした。淀殿《よどどの》をはじめ10数人の側室がいた秀吉だが、おねを気遣い、家内の束ねをすべて任せた。天下人・秀吉のかけがえのないパートナーだったのである。

秀吉が亡くなると、剃髪して高台院《こうだいいん》と号し、豊臣家から一歩退く。秀吉の遺児・秀頼《ひでより》とその母・淀殿をかつぐ石田三成《いしだみつなり》が徳川家康と対立する関ヶ原の合戦で、戦いの直前におねは大坂城西の丸を家康に明け渡し、京に移ってしまう。「反淀殿」の旗標《はたじるし》をあきらかにしたともいわれる。のちの大坂冬の陣と夏の陣で秀頼と淀殿は悲劇的な最期を遂げるが、おねは戦争回避を願いながら沈黙を通す。一方で、三成の遺児を預かり、津軽家に嫁がせるなど心を砕いている。

家康はおねのために京・東山《ひがしやま》に高台寺を建立、秀吉が遺した1万7千石という大名なみの所領を安堵し、手厚く保護した。秀吉の関白任官に関する文書や辞世の句は、秀吉の甥・木下《きのした》利房《としふさ》の子孫に伝わっている。嗣子の秀頼に渡さず、おねが保管していたのだ。「豊臣家は秀吉と、このおねが築き、そして終わった」。おねの誇り高い意思表示だったにちがいない。

1624（寛永元）年9月、おねは徳川三代将軍家光《いえみつ》の時代に84歳で没し、高台寺に葬られた。今、高台寺の周辺は「ねね（おね）の道」と呼ばれ、多くの観光客がおねをしのび、そぞろ歩く。

19 山形城と駒姫《こまひめ》

秀吉の命で刑場に散った、はかない15年の人生

わずか15歳、駒姫《こまひめ》は罪なくして京の三条河原で斬首されて果てた。父・最上義光《もがみよしあき》が菩提所・専称寺《せんしょうじ》（山形市）に奉納した画像の駒姫は、色白で切れ長の涼やかな眼をしている。ふっくらとした面差しは、まだあどけない。

駒姫は山形城主・最上義光の2女（または3女）に生まれ、父母に溺愛されて育つ。義光と伊達《だて》政宗《まさむね》の母は兄妹なので、姫と政宗は従兄妹同士になる。駒姫が荒波に巻き込まれたのは、1591（天正19）年のことであった。

天下を制した豊臣秀吉《とよとみひでよし》は奥州の反乱に手を焼いており、6月、九戸《くのへ》政実《まささざね》の乱を平定するため

1357（延文 2）年、斯波氏が築城。1592（文禄元）年、最上義光が整備・拡張。江戸時代は幕府親藩大名が入部。遺構は国指定史跡の城址に堀・壮大な本丸一文字門跡・西門跡・土塀礎石など。城址は霞城公園。

山形城【やまがたじょう】

JR 奥羽本線、山形新幹線・山形駅から徒歩 10 分。車の場合は山形道「山形蔵王 IC」を国道 266 号線を経て県道 16 号線を進む。

討伐軍を発する。秀吉の甥・羽柴《はしば》（豊臣）秀次《ひでつぐ》を総大将に、徳川家康《とくがわいえやす》、前田利家《まえだとしいえ》、上杉景勝《うえすぎかげかつ》、石《いし》田《だ》三成《みつなり》ら、配下のそうそうたる武将が参陣、奥州の伊達政宗《だてまさむね》、蒲生氏郷《がもううじさと》、そして義光も合流、総勢6万の軍が陸奥《むつ》へと下る。

9月、九戸の乱を平定した帰り、秀次は山形城に立ち寄った。そのとき接待にあたったのが駒姫である。駒姫はこのとき11歳、琵琶を奏し、和歌を詠んでもてなす可憐な少女を秀次は気に入り、側室に上がるよう義光に迫る。

義光は、駒姫がまだ幼く、都の礼節も身に着けていないからと固辞したが、ついに「姫が15歳になったら」と約束させられる。この年、秀次は秀吉の養子になり、12月、関白に就任した。

秀次が駒姫を上洛させるよう再三要求するので、義光《よしあき》はついに折れ、1595(文禄4)年、15歳になった駒姫を連れて京に上る。天下人秀吉の跡継ぎと目される関白秀次に娘を委ね、最上家の繁栄や安泰を願ったとしても、戦国の世では当然のことであろう。

京に着いた駒姫は最上屋敷で長旅の疲れを癒し、秀次の屋敷・聚楽第《じゅらくだい》に上がると「お伊万《いま》の方《かた》」の名が与えられた。ところが数日後の7月15日、事態は暗転した。秀次は謀反の罪を問われ、秀吉の命により高野山で切腹。秀吉の側室淀殿《よどどの》が跡継ぎになる秀頼《ひでより》を産んだため、秀次は除かれたのである。8月2日、駒姫は秀次の妻妾や子ら38人とともに市中を引き回され、処刑された。まだ秀次に対面もしていなかったという。

義光も秀次の一味だと疑われる。秀次の催す宴にたびたび出席し、進物を欠かさなかったことを糾弾された。ようやく嫌疑が晴れると、必死に駒姫の助命嘆願に駆けまわった。各方面からも処刑しないようにとの声があがる。秀吉も無視することができなくなり「鎌倉で尼になるように」と早馬を処刑場に派遣した。だが、あと1町(100m弱)というところで間に合わなかった。11番目に処刑されたと伝えられる。

わずか15歳ながら落ち着いて死に臨む様は、さすが大名の娘と称賛された。

罪をきる弥陀の剣にかかる身のなにか五つの障りあるべき
（罪もなく斬られる身ですが、弥陀の慈悲の剣で冥途におもむけば、御仏の教えのいう五つの罪業も断ち切られ成仏できることでしょう）

駒姫の辞世である。

最期を聞いた義光は「愁傷限りなく、湯水も喉を通らずに嘆き臥した」と『最上記』は記す。山形にいた駒姫の母大崎《おおさき》夫人は飛脚で悲劇を知り、2週間後、消え入るように他界した。自殺であったという。義光は古刹専称寺を天童《てんどう》から山形に移して駒姫と夫人の菩提寺とし、3回忌には母娘の画像を奉納した。秀吉に深い憎しみを抱きつづけた義光は、関ヶ原の合戦で徳川家康に味方して勝利を収め、駒姫の無念に報いたのである。

山形城は別名霞ヶ城《かすみがじょう》ともいう。1356（正平11／延文元）年、最上氏の祖・斯波兼頼《しばかねより》が羽州《うしゅう》探題《たんだい》として山形郷に入り居城を築いた。のち一族は最上氏を名のり、11代義光が本格的な築城をはじめる。本丸・二の丸・三の丸を同心円状に重ね、三の丸の外の城下町には、下級武士の屋敷地を置き、商人・職人を整然と配置した。

かつての山形城は東西約1・6㎞、南北約2・1㎞におよび、全国有数の規模を誇った。復元された二の丸東大手門の石垣の鋭い勾配は江戸初期の面影をとどめ、市民の憩う城址・霞《か》城《じょう》公園では巨城の発掘・復元が進んでいる。

20 小《お》谷《だに》城《じょう》と京《きょう》極《ごく》龍《たつ》子《こ》

たぐいまれな美女、醍醐の花見で淀殿と盃争い

小谷城《おだにじょう》（滋賀県長浜市）が築かれた小谷山は、西南麓には美濃《みの》と越前《えちぜん》を結ぶ北国脇往還《ほっこくわきおうかん》が通り、西方２kmには京と越前を結ぶ北国街道が通る要所にある。

小谷山の最高峰・大嶽《おおづく》は標高４９５ｍ。続くなだらかな斜面に本丸・中の丸・京極丸《きょうごくまる》など曲輪《くるわ》が築かれた。山の西の清水谷《しみずだに》沿いに重臣の武家屋敷が立ち並んでいた。うっそうと茂る木立に囲まれた平坦地「御屋敷跡」が浅井氏の居館跡で、浅井長政《あざいながまさ》やお市《いち》の方《かた》、娘の茶々《ちゃちゃ》（豊臣秀吉の側室淀殿《よどどの》）・お初《はつ》（京極高次《きょうごくたかつぐ》の正室）・お江《ごう》（徳川３代将軍秀忠《ひでただ》の御台所《みだいどころ》）の住まいがあった。

小谷城は１５２４（大永４）年ごろ、浅井亮政《すけまさ》によって築かれた。主家の守護大名・京極氏に

内紛が絶えず、その隙をねらうように亮政《すけまさ》が北近江の支配権を奪い取り、京極氏を小谷城に迎えた。その館があった京極丸の跡が今も残る。

龍子《たつこ》は京極高吉《たかよし》と浅井亮政の孫・マリアの2女として小谷城で生まれた。生年は不明。浅井長政はマリアの弟なので叔父にあたり、茶々・お初・お江の3姉妹は従姉妹《いとこ》にあたる。

龍子は、たぐいまれな美貌であったと伝えられる。1566（永禄9）年、若狭《わかさ》（福井県西部）の守護で足利将軍の血を引く名門の武田元明《たけだもとあき》に嫁ぎ、2男1女をもうけた。

龍子の運命の歯車は暗転する。本能寺の変で、夫・元明と、兄・京極高次《たかつぐ》は明智光秀《あけちみつひで》の側についた。光秀を破った秀吉は元明に自刃を命じ、2人の息子を処刑してしまう。悲しみのどん底にある龍子に、名門の血筋と美女に目のない秀吉が触手を伸ばす。高次は龍子を秀吉の側室に差し出して死罪を免れた。

龍子は兄のために泣く泣く側室になったのだろうか。戦国の世は、現在では思いおよばないほど家名の存続が大切にされていた。兄妹は、滅びようとする名門京極家をなんとか再興しようと図り、捨身の選択をしたのである。

やがて龍子の願いどおり、高次は近江高島郡《おうみたかしま》（滋賀県高島市）に2500石を与えられ、その後

1524（大永4）年ごろ浅井氏が山上に築城。1573（天正元）年、浅井氏滅亡。建物は長浜城に移築され、1575（天正3）年、廃城。遺構は曲輪跡・大石垣・馬洗池・浅井長政自刃跡など。

小谷城【おだにじょう】

JR北陸線・河毛駅から徒歩30分。河毛駅発小谷山線コミュニティバスで「歴史資料館前」下車、徒歩5分。車の場合は大阪・名古屋方面から北陸自動車道「長浜IC」から国道365号線、もしくは県道265号線を北へ約25分。

加増し、近江大津城《おおつじょう》6万石に封じられた。そんな彼を、世間は「妹の尻で光る、ほたる大名」とあざけった。

龍子は松《まつ》の丸殿《まるどの》とよばれ、その美しさから秀吉に寵愛《ちょうあい》された。眼を病んだ龍子に秀吉は「治っても、ほかの男を見てはならぬ」と便りをしたほどだ。浅井3姉妹が孤児になると、松の丸殿は聚楽第《じゅらくだい》に引き取って親身に世話をしている。また、京極一族とともに、京の誓願寺《せいがんじ》（現在地新京極）の再興に尽力、境内地6千坪、壮大な伽藍《がらん》を持つ京有数の巨刹《きょさつ》落慶《らっけい》に貢献した。

松の丸殿といえば、秀吉が晩年に催した「醍《だい》醐《ご》の花見」で、秀吉から受け取る盃《さかずき》の順を淀殿と争った逸話が有名だ。衆目《しゅうもく》のなかで、はたして淀殿と寵を競ったのだろうか。浅井の主筋である京極家の誇りからという説や宴の席での戯《たわむ》れにすぎないという説がある。

秀吉が没すると、高次の大津城《おおつじょう》に身を寄せた。関ヶ原の戦いで高次は東軍（徳川方）に味方したため、大津城は西軍の猛攻を受ける。龍子《たつこ》や高次の正室お初も在城していたが落城。しかし、合戦後、高次は西軍を足止めした功により、龍子にゆかりの若狭《わかさ》一国8万5千石を与えられる。

龍子は京・西洞院《にしのとういん》に居を構え、大坂城の淀殿や秀吉の嫡子・秀頼《ひでより》に贈り物をしたり、秀吉の正室・北政所《きたのまんどころ》と親交を続けていた。

1615（慶長元）年、大坂夏の陣で豊臣家が滅びると、淀殿の侍女を保護し、六条河原で斬《ざん》首《しゅ》された秀頼の嗣子・国松《くにまつ》（8歳）の遺骸を引き取って誓願寺に埋葬した。国松は幼少から若狭京極家に預けられており、京極家との関係は深い。

龍子は京極・浅井・豊臣の人びとと交わりながら生涯を送り、1634（寛永11）年に没した。誓願寺の国松の墓に隣りあって葬られたが、明治維新後、誓願寺の寺地の縮小にともない、龍子と国松の墓は秀吉が眠る豊国廟《ほうこくびょう》に移された。

21

お家再興を願い、宇喜多直家に嫁し、のち秀吉の側室に

美作《みまさか》勝山《かつやま》城《じょう》とおふくの方

いまも白壁の家並が続く美しい城下町・勝山《かつやま》（岡山県真庭市）。山ふところの町から先、出雲《いずも》街道を北西に進めば、山また山の中国山地になる。ここは街道沿いの宿場町でもあった。

城下・旭川《あさひかわ》の流れに沿う家々のあいだを抜けると、川岸に降りる細い通路に出会う。川べりの石畳、雁木《がんぎ》（桟橋への階段）は高瀬舟《たかせぶね》の船着き場跡だ。勝山は高瀬舟の最上流の湊町だった。中国山地の鉄や木炭などを岡山に運び、帰りは塩、砂糖、干物などを運んだ。

舟運は昭和初期まで栄えた。鉄道の開通で終焉をむかえたが、焼板張りの壁や白塗りの土蔵、連子窓《れんじまど》、なまこ壁の商家に灯籠の火影がゆらぎ、旦《だん》地区の武家屋敷とともに、2万3千石の城

下町の面影をとどめている。

この地に戦乱の歳月があった。

高田城《たかだじょう》(のちの勝山城)は14世紀の末ごろ、領主・三浦《みうら》氏が築いた山城である。戦国時代、出雲《いずも》(島根県東部)の尼子《あまこ》氏、備前《びぜん》(岡山県南東部)の宇喜多《うきた》氏、備中《びっちゅう》(岡山県西半分)の三村《みむら》氏、安芸《あき》(広島県西部)の毛利《もうり》氏が高田城の争奪戦を繰りひろげた。

高田城主・三浦貞勝《さだかつ》の美貌の妻・おふくに数奇な運命が訪れる。1565(永禄8)年、三村元親《もとちか》の攻撃で高田城は落ち、貞勝は自刃、19歳のおふくは嫡子・桃寿丸《とうじゅまる》を抱いて城を脱出し、村里に潜伏した。夫の敵討《かたきうち》を切望するおふくは、下剋上でのし上がった戦国大名・宇喜多直家《なおいえ》を頼って石山城《いしやまじょう》(岡山城《おかやまじょう》)を訪ね、直家に見初められる。

手に余る者を暗殺するなど、「鬼」と呼ばれる悪評高い直家だったが、おふくには優しく、桃寿丸の行く末も心配してくれた。心もとない日々を送っていた23歳のおふくは、三浦氏の再興を願い、直家の求めに応じて再婚。誕生したのが秀家である。再婚から12年後、直家は病没する。

この年、本能寺《ほんのうじ》の変《へん》で織田信長《おだのぶなが》が自刃して果てた。備中高松城《たかまつじょう》(岡山市)攻めの最中だった羽《は》

14世紀末、三浦氏が築城。1565（永禄8）年、落城。江戸時代は津山藩の支藩のち勝山藩。遺構は本丸跡・竪堀・堀切。

美作勝山城【みまさかかつやまじょう】

JR姫新線・中国勝山駅下車。車の場合中国道「落合IC」から国道313号線、または久世から国道181号線。

柴《しば》（豊臣《とよとみ》）秀吉《ひでよし》は、明智《あけち》光秀《みつひで》を討つために急ぎ京へ取って返す。その「大返し」の真っただ中に石山城に立ち寄った。30代半ばの妖艶なおふくに惚れていたのだ。

おふくは城門まで迎えに出る。わずか11歳の息子・秀家《ひでいえ》が石山城主として秀吉軍に参陣していた。豪華な酒肴で秀吉を歓待し、求められるままに夜伽《よとぎ》も務めた。生きるか死ぬかの動乱の世である。城と宇喜多家を、わが子秀家や桃寿丸を守り抜くためという深謀を秘めた決断だった。

秀吉はおふくを側室に迎え入れ、願いを聞き入れる。秀家を養子にし、溺愛する養女・豪姫《ごうひめ》（前田利家《まえだとしいえ》・まつ夫妻の4女）を嫁がせた。まさに、若い貴公子と姫君の夫婦であった。秀家は50余万石を拝領して城を石山から東側の岡山に移し、秀吉の支援のもと、大規模な築城にとりかかる。壮麗な天守が完成、岡山市の繁栄の基礎を築き、若くして豊臣政権の五大老の地位につく。

秀家が秀吉に可愛がられ、破格の出世をしたのは、母のおふくが身をなげうって秀吉に尽くしたからだと伝えられる。桃寿丸《とうじゅまる》は、秀吉から三浦氏再興が許される直前、京の大地震で落命してしまう。1596(慶長元)年7月、マグニチュード7といわれる「慶長伏見大地震《けいちょうふしみ》」である。京市内では、およそ4万5千人の死者を出したという。

ほどなく、おふくは49歳で没した。桃寿丸による三浦家再興を悲願に生きてきたおふくは、夢を絶たれ、生きる気力を失ったのかもしれない。

勝山城は江戸時代、三浦氏の一族が治め明治維新を迎える。城郭は失われたが、竪堀《たてぼり》や堀切がよく残っている。本丸跡に立つと、天然の要害であった崖から風が吹き上げてくる。風音に乗って、武者たちの雄叫びが聞こえそうだ。

22

三成の軍を撤退させた女将軍の策略と勇気

忍城《おしじょう》と甲斐姫《かいひめ》

忍城《おしじょう》（埼玉県行田市）は１４７９（文明11）年ごろ、武蔵武士の名族・成田顕康《なりたあきやす》が築城したと伝えられる。甲斐姫《かいひめ》は１５７２（元亀３）年、忍城主・成田氏長《なりたうじなが》の長女に生まれた。氏長には男児がなく、背も高く聡明な甲斐に期待をかけ、武術の稽古をさせる。美貌は「関東一」と褒めたたえられた。

１５９０（天正18）年、天下統一を目指す豊臣秀吉《とよとみひでよし》は、小田原北条《ほうじょう》氏討伐の軍を発した。北条傘下の氏長は秀吉勢を迎え撃つため、小田原城（神奈川県）に籠城。氏長の継室と19歳の甲斐が忍城の留守を守る。梅雨さなかの６月４日（旧暦）、秀吉軍の総大将・石田三成《いしだみつなり》が２万３千人の兵を率いて忍に迫った。甲斐と義母は老臣と謀り、策をたてた。忍に残る城兵は３００人、数ではとうてい三成軍におよばない。そこで百姓・町人・僧侶まで城内に入れ、武士とあわせて2千6百人余を各所に配備する。女・子どもは無数の旗を立て、太鼓を打ち、多勢を装った。

翌5日未明、三成軍は三方から攻撃を開始。だが、道は狭く、深田や沼に足をとられ、抜き差しならない。忍城兵は銃を放ち、矢を射かけ、城外へ打って出て三成軍を撃退した。次の日も三成は筏《いかだ》を浮かべて攻撃するが、またもや攻めあぐね、退却する。

力ずくの攻撃に利がないと考えた三成は、付近の丸墓山古墳《まるはかやまこふん》に陣を張り、地勢を検分。高さ19mの墳丘の上からは、沼沢に囲まれた忍城と城下が一望できた。

水攻めが絶好と判断した三成は、城の周囲に堤防を築き、利根川《とねがわ》や荒川《あらかわ》の水を流し込むことにした。村々から人足を集め、賃金として昼は1人につき米1升と銭60文、夜は米1升と銭100文を与えた。相場の2倍以上の額である。城を包囲する堤は城の南西4kmほどの荒川左岸からはじまり、北は利根川右岸に達した。わずか7日間で全長28kmの堤が完成すると、三成は荒川と利根川の堤を切った。

城周辺は水に浸かっていくが、水没しない。「忍城は水に浮く」と噂された。18日になって豪雨がたたきつけた。堤は決壊し、石田軍は270人の死者を出す。周辺はますます泥沼化して

1475（文明 11）年、成田顕泰が築城。1590（天正 18）年、豊臣秀吉軍に攻められ開城。江戸時代、幕府重臣の居城。1988（昭和 63）年、御三階櫓復興。遺構は土塁・堀跡・高麗門など。

忍城【おしじょう】

JR 行田駅から市内循環バスで「水城公園前」下車。秩父鉄道・行田市駅から徒歩 15 分。車の場合は関越自動車道「東松山 IC」から 20 分。東北自動車道「羽生 IC」から 20 分。

再攻撃もままならない。7月になると、三成の応援に浅野長政《あさのながまさ》が到着、軍勢が忍の城門に迫った。出陣の好機をねらっていた甲斐は、「今だ」とばかり、小桜縅《こざくらおどし》の鎧《よろい》をまとい、長刀《なぎなた》を手に白馬にまたがった。忍兵200騎が従う。大手門を出たとき、浅野勢と鉢合わせになった。甲斐は「ひるむな」と忍兵を励まし、押し寄せる敵をなぎ倒していく。忍兵は甲斐の戦いぶりに奮い立ち、勇猛に戦った。恐れをなした浅野勢は堀の外へ退いた。

ほどなく真田昌幸《さなだまさゆき》・幸村《ゆきむら》、長束正家《なつかまさいえ》ら、秀吉配下の援軍が駆けつけるが、そのたびに甲斐は兵を率いて出陣。敵勢は1700人を越える死傷者を出し、ついに撤退した。忍城は、およそ

3万の軍勢に勝利したのである。三成はこの敗北で、歴史に残る「戦下手《いくさべた》」のレッテルを貼られた。実際は秀吉の命令による策で、三成が考えたのではないともいわれる。

小田原北条氏が滅亡したのちに、北条方最後の砦・忍城《おしじょう》は開城した。城兵は勝ちどきをあげ、民の拍手を浴び、歓呼して城を出たという。甲斐の後半生は波瀾にみちたものだった。

成田氏長の一族は会津《あいづ》の蒲生氏郷《がもううじさと》預けとなる。氏長に委ねられた領地に反乱が起きると、甲斐は奮戦してこれを平定。秀吉は甲斐の美貌と武勇を賞し、側室に召した。甲斐は秀吉の側室・淀殿《よどどの》と親しみ、淀殿に秀頼《ひでより》が生まれると守役としてわが子のようにいつくしみ育てていく。

大坂城落城のとき、秀頼の側室の子・国松丸《くにまつまる》と奈阿姫《なあひめ》を連れて燃え盛る城から脱出。だが、京で捕えられ、国松丸は処刑される。甲斐は奈阿姫をともなって落ちのび、縁切寺として名高い鎌倉の東慶寺《とうけいじ》に入った。やがて奈阿姫は東慶寺20世・天秀尼《てんしゅうに》となって女人救済につくす。奈阿姫の母は、実は甲斐であったとも伝えられる。

三成の築いた「石田堤《いしだづつみ》」は忍川《おしがわ》沿いに名残をとどめている。国指定史跡「さきたま古墳群」園内にある日本最大の円墳「丸墓山古墳」からは、忍城の再建御三階櫓《ごさんがいやぐら》と行田の町を望むことができる。

第四章

家康と姫

23 勝浦城《かつうらじょう》とお万《まん》の方《かた》

家康の寵愛を受けた勝浦城主の娘

勝浦城《かつうらじょう》は、勝浦湾（千葉県勝浦市）の東南端に突き出た険しい崖・八幡岬《はちまんみさき》の突端に築かれた、上総《かずさ》（千葉県中央部）最大の水軍《すいぐん》の城である。1521（大永元）年、真理谷《まりや》（千葉県木更津市）城主の真理谷氏が安房《あわ》（千葉県南部）の里見《さとみ》氏の北上を抑えるため、支城として築いたといわれる。のち、小田原北条《ほうじょう》氏・里見氏・真理谷氏・正木《まさき》氏同族の攻防が繰り返され、勝浦城は落城を経ながらも、里見氏家臣・正木氏の居城となった。

断崖と荒海に守られた城郭は岬の狭い尾根に築かれていたが、遺構はほとんど残っていない。主郭《しゅかく》跡は「八幡岬《はちまんみさき》公園」として整備され、二の郭《くるわ》跡も公園になっており、崖の下に船溜まり

1521（大永元）年、真里谷氏が築城。北条氏・正木氏などが進出。1590（天正18）年、徳川軍により落城・廃城。城址は八幡岬公園。遺構はなく地名に郭内・木戸脇・二のくらなどが残る。

勝浦城【かつうらじょう】

JR外房線勝浦駅徒歩20分。またはJR内房線館山駅からバス「野島崎灯台口」下車、北へ徒歩15分。車の場合は東金有料道「東金IC」から60分。

があったという。城跡からは、太平洋の大海原を望むことができる。

お万《まん》の方（養珠院《ようじゅいん》）は徳川家康《とくがわいえやす》の側室で、徳川御三家《ごさんけ》（水戸《みと》・尾張《おわり》・紀州《きしゅう》の3家。将軍に次ぐ地位の家柄）のうち、紀州家の祖・徳川頼宣《よりのぶ》と、水戸家の祖・徳川頼房《よりふさ》を産んだ。

万は1580（天正8）年、勝浦城主・正木頼《より》忠《ただ》の娘に生まれた。母は小田原北条氏の一族・北条氏隆《うじたか》（北条幻庵《げんあん》の孫）、または氏尭《うじたか》（北条氏2代・氏綱《うじつな》の4男）、または北条家臣・田中泰行《たなかやすゆき》の娘とされる。頼忠が小田原に人質として滞在していたときに、北条氏の命令で結婚、長男・為春《ためはる》と万を儲けた。頼忠は人質を解かれると、もとの主《あるじ》・里見氏の傘下に戻り、勝浦に帰ってしまう。母は北条家臣の蔭山氏広《かげやまうじひろ》と再婚、万《まん》はこの義父のもと、伊豆国加殿《いずのくにかどの》（静岡県伊豆市修善寺町）で育てられた。

万の美貌は近隣に聞こえていた。16、17歳のころ、鷹狩に来た家康に見初められ、江戸城に召し出され、「蔭山どの」と呼ばれる。関ヶ原の合戦後は家康にともなわれて伏見城《ふしみじょう》（京都市）に移った。

1602（慶長7）年、お万は26歳、家康61歳のとき、長男・長福丸《ちょうふくまる》（家康の10男・のちの徳川頼宣《よりのぶ》）を、翌年には2男・鶴千代《つるちよ》（家康の11男・のちの徳川頼房《よりふさ》）を産む。長福丸には生まれた翌年に常陸国《ひたちのくに》20万石が与えられ、鶴千代には数え4歳で下総国《しもうさのくに》下妻《しもつま》10万石が与えられた。

養家の蔭山氏が日蓮宗だったため、万もその影響で身延山《みのぶさん》22世の日遠《にちえん》に帰依した。

万は信仰に関して命懸けで家康に逆らったことがあった。1608（慶長13）年ごろのことだ。家康は浄土宗で、宗論《しゅうろん》を挑む日遠を不快に思っていた。江戸城で浄土宗と日蓮宗の問答の際、直前に日蓮宗側の論者を家臣に襲わせ半死半生の状態にさせ、浄土宗側を勝利させてしまう。怒った日遠は家康が禁止した宗論を申し入れる。家康は激怒し、日遠を捕え、磔《はりつけ》の刑にしようとした。

万が助命を嘆願するが家康は聞き入れない。すると万は「師が死ぬときは自分も自害する」と、師と自分の白装束《しろしょうぞく》を縫って抗議した。家康は驚いて日遠を放免する。

この勇気ある行動は評判になり、後陽成《ごようぜい》天皇は感激して、万に「南無妙法蓮華経」と7字の題目を書いて送ったという。

やがて頼宣は紀州徳川家初代藩主に、頼房は水戸徳川家初代藩主となる。万の兄・為春は紀州家の家老に任じられた。万と子らが、どれほど家康に寵愛されていたか分かる。

万は小田原で生まれ伊豆国で育ったといわれるが、勝浦には「お万の布さらし」の伝説が残る。豊臣秀吉の小田原征伐のとき、勝浦城も攻められて落城。14歳の万は母と幼い弟を連れて炎上する城から脱出。八幡岬の崖に白い布を垂らして海に降り、小舟で館山《たてやま》へ逃れたという。八幡岬公園にはお万の方の像が立つ。

家康の没後は髪を下ろして養珠院《ようじゅいん》と号し、3年後、身延山で法華経1万部読誦《とくしょう》の大法要を催し、満願の日に七面山《しちめんざん》に向かう。女人禁制の霊山に、僧侶が阻止するのも聞かず登山し、七面山「女人踏み分けの祖」となった。女人成仏《にょにんじょうぶつ》を身を以て実践し、家康が亡くなって37年後に、74歳で没した。

身延町の本遠寺《ほんのんじ》は、頼宣《よりのぶ》が母の意を汲んで日遠《にちえん》に寄進した伽藍《がらん》で、豪華な本堂内陣は国の重要文化財に指定されている。境内に養珠院の本墓がある。駿府城《すんぷじょう》（静岡市）の万《まん》の居室は妙法華寺《みょうほっけじ》（静岡県三島市）に現存する。駿府城唯一の遺構である。

24 岡崎城と築山殿《つきやまどの》

乱世統一への生贄《いけにえ》になった家康の正室、悪女説の真偽？

徳川家康《とくがわいえやす》は三河《みかわ》（愛知県東部）岡崎城《おかざきじょう》で誕生。6歳から駿府《すんぷ》（静岡市）で今川《いまがわ》氏の人質として苦しい生活を送った。1560（永禄3）年、19歳で岡崎城に帰り、浜松城《はままつじょう》に移るまで11年間在城した。「神君家康」の長い道のりは岡崎城から始まったのである。

家康の正室・築山殿《つきやまどの》には悪女のイメージがついてまわる。出自を誇って家康を見下したとか、家康の大敵である甲斐《かい》（山梨県）の武田氏《たけだし》に内通して不義を犯し、嫁につらくあたり、嫉妬のため家康の側室を打ち据えたというものだ。

築山殿の名は瀬名姫《せなひめ》と伝えられる。父は名門・今川氏《いまがわし》の一族である関口義弘《せきぐちよしひろ》、母は今川義元《よしもと》の妹。1557（弘治3）年、義元の命で、今川家の人質であった16歳の松平元信《まつだいらもとのぶ》（家康）と駿府城で祝言を挙げた。築山殿《つきやまどの》は年上とも、同い年ともいう。駿府時代のふたりは睦まじく、あいついで嫡男・竹千代《たけちよ》（信康《のぶやす》）、長女・亀姫《かめひめ》をもうけた。

1560（永禄3）年、築山殿の運命は暗転した。5月、桶狭間《おけはざま》の戦いで義元が織田信長《おだのぶなが》に討たれる。家康は今川軍を離脱し、すばやく父祖の地・岡崎へ帰って独立した。夫が敵方となり、残された築山殿母子は人質として軟禁された。やがて信康は岡崎領民の歓呼を受けて岡崎城に入城するが、築山殿は城に迎えられることはなかった。信長をはばかる家康は、今川一族の築山殿を城外に住まわせ、幽閉同然にしたという。

1567（永禄10）年、まだ元服《げんぷく》前の信康は、信長の長女・徳姫《とくひめ》を妻に迎える。ともに9歳であった。3年後、築山殿に新しい暮らしがはじまる。家康は浜松城に移って三河・遠江《とおとうみ》（静岡県西部）を統括し、岡崎城を信康に預けた。築山殿は城主の生母として、ようやく岡崎城に入ったのである。

信康は勇敢な武将に育ち、徳姫とのあいだにふたりの姫も生まれた。手柄をたて家康の称賛をあびる信康に、やがて気ままで粗暴な言動が目につくようになった。

1531（享禄4）年、徳川家康の祖父が本拠とする。1560（永禄3）年、家康入城。江戸時代、幕府譜代大名が居城。遺構は石垣・井戸跡など。1959（昭和34）年、模擬天守復興。

岡崎城【おかざきじょう】

名鉄・東岡崎駅下車、徒歩15分。JR岡崎駅から康生町方面行きバスで「康生町」下車、徒歩5分。車の場合は東名高速を「岡崎IC」から国道1号線に入って名古屋方面に向かい、3Km。

このころ、築山殿がお万《まん》の方《かた》事件を起こしたといわれる。築山殿の侍女・お万（養珠院とは別人）が家康の寵愛を受けて身ごもった。怒った築山殿は、お万を全裸にして縛り、浜松城の庭に放り出す。お万は家臣に救われ、城下で出産したというものだ。だが築山殿は浜松城には入っておらず、家康の身辺について知るよしもない。また、信康夫婦の睦まじさを快く思わなかった築山殿は、武田の家臣の娘を信康の側室に入れ、武田方の唐人医師と密通したという。

近年の研究では、これらの伝承は、築山殿がみずから破滅に陥っていったとするための創作とされる。しかし信康と徳姫が、両家の親・信長と家康が乗り出すほどの不和になっていたのは事実のようだ。

1579(天正7)年、築山殿《つきやまどの》に悲劇の最期がやってくる。7月、徳姫が信康を訴える12ヵ条をしたため、安土城《あづちじょう》の信長に送った。家臣や領民に対する信康の粗暴残虐な振る舞い、家康との相互不信、築山殿の不義と武田氏への内通が書かれていたという。徳姫にすれば、父親へのちょっとした甘え心だったかもしれない。だが、信長にとって真偽は問題ではなかった。勢力を伸ばす家康を牽制しようと、信康と築山殿の処分を迫る。

動乱に流されてきた築山殿だったが、ここで敢然と、みずからの意思で行動に立つ。8月末、信康の助命を嘆願しようと岡崎城を発ち、浜松の家康のもとへ向かう。その途中、小藪村《こやぶ》(浜松市富塚町)で家康が差し向けた家臣によって殺害され、遺骸は付近の寺・西来院《せいらいいん》に葬られた。9月、21歳の信康は家康の命で切腹して果てる。

事件の真相は定かではない。信長の命令でなく、家康の判断で、領地を治める能力を失った信康を排除したともいう。

母としてのみ生き、母ゆえに殺害された築山殿は、さながら乱世統一への生贄《いけにえ》であった。後年、築山殿の悪評がふくらむ。東照大権現《とうしょうだいごんげん》となった神君《しんくん》家康の、妻子を斬るという苦渋の決断に説得力を持たせるには、築山殿は悪女でなければならなかったのである。

岡崎城址には、うっそうと茂る巨木に囲まれて天主・大手門・隅櫓《すみやぐら》が再建され、複雑に構築された曲輪《くるわ》跡・空堀《からぼり》・水堀が石垣とともに現存。名城ファンを惹きつけている。

25

家康亡き後も、冷静な才知で幕府の諸問題を取り仕切る

浜松城と阿茶局《あちゃのつぼね》

徳川家康《とくがわいえやす》が駿府城《すんぷじょう》（静岡市）に移るまで17年間在城した浜松城《はままつじょう》（浜松市）。1570（元亀元）年、29歳の家康が三方《みかた》が原《はら》台地の斜面に築城した。荒々しい野面積《のづらづみ》の古式の石垣は、空襲を生き延び、復興天守を力強く支えている。

あるとき、馬上の家康は道の端に控えている婦人に目を止めた。貧しげだが、たたずまいは折り目正しく、そのうえ美しい女性だった。よくよく面差しをうかがえば、なんと、かつての恩人・神尾弥兵衛忠重《かみおやへえただしげ》の妻・須和《すわ》ではないか。幼くして今川《いまがわ》氏の人質になり心細く過ごしていた家康を、なにくれとなく世話したのが忠重だった。

家康は馬を止め、須和と忠重の忘れ形見・猪之助《いのすけ》をともなって浜松城に帰った。1579(天正7)年、須和は家康の側室に迎えられ、「阿茶局《あちゃのつぼね》」と名乗った。家康は38歳、阿茶局は13歳年下の25歳であった。

須和は、1555(弘治元)年、甲斐国《かいのくに》(山梨県)武田《たけだ》氏の家臣・飯田久右衛門直政《いいだきゅううえもんなおまさ》の娘として生まれ、19歳のとき駿河《するが》(静岡県中央部)の今川氏の侍大将・神尾弥兵衛忠重に嫁いだ。4年後に忠重は戦死。須和は猪之助を連れて甲斐の実家に戻った。だが、武田氏は織田《おだ》・徳川同盟軍や相模国《さがみのくに》(神奈川県)の北条《ほうじょう》氏と対峙しており、甲斐国はもはや安住の地ではなくなっていた。

こうした不遇のさなか、須和は家康と出会ったのである。

家康は、馬術や武芸にもすぐれ、細やかな気配りのできる阿茶局を信頼して側近く置き、陣中にも連れていった。30歳のとき、小牧《こまき》・長久手《ながくて》(愛知県小牧市・長久手市)の戦いの陣中で流産し、その後は子に恵まれていない。奥向きの采配は阿茶局にゆだねられ、徳川家の女性を代表する立場となっていく。側室のひとり・西郷局《さいごうのつぼね》が亡くなると、11歳の遺児秀忠《ひでただ》(のちの2代将軍)と10歳の忠吉《ただよし》を手元に引き取って育てあげた。

隠居後も大御所として政権を握る家康の懐刀《ふところがたな》として、隠密《おんみつ》な用向きを務め、執政の伝達も行うなど政治的な役割を果たし、外交交渉にも活躍する。1614（慶長19）年、方広寺鐘銘《ほうこうじしょうめい》事件（大坂の陣のきっかけとなった事件）では、豊臣方の使者として駿府城を訪れた大蔵卿局《おおくらきょうのつぼね》（豊臣家臣・大野治長《おおのはるなが》の母）と会い、家康に取り次ぐ。

大坂の陣（家康が豊臣氏の大坂城を攻めた戦）にも従軍、講和の使者を務める。60歳の阿茶局《あちゃのつぼね》は全権を担い、矢弾が飛びかうなかを鉄製の輿に乗って大坂城を往復。大坂城の女あるじ淀殿《よどどの》の妹である常高院《じょうこういん》（お初《はつ》）と交渉し、休戦の和議を取りまとめた。結果は家康に利をもたらし、豊臣氏が滅びる糸口となる。

1616（元和2）年、家康が没すると、側室はすべて仏門に入るが、阿茶局の才覚を惜しんだ家康の遺命により落飾は許されなかった。現世に留まったまま家康の仕残した事業を果たすよう託されたのである。

家康はかねて、1612（慶長17）年に即位した後水尾《ごみずのお》天皇への、孫娘・和子《まさこ》（秀忠の五女）の入《じゅ》内《だい》を申し入れていた。大坂の陣、家康の死、御陽成院《ごようぜいいん》の崩御、天皇の女官の皇女・皇子出産事件などののち、1620（元和6）年、和子は女御《にょうご》（のち中宮）として入内する。阿茶局は「御母代《おんははしろ》」として上洛、後水尾天皇から従一位《じゅいちい》を賜り、こののち「一位の局」「神尾一位殿」などと呼ばれた。和子が懐妊すると、ふたたび上洛し、かいがいしく身の回りの世話にあたった。

秀忠が隠居して嫡子・家光《いえみつ》が将軍職を継いだ後も、阿茶局は幕府と朝廷の融和の推進、江戸と京の宗教政策の連携・充実にかかわり、幕府にとってなくてはならない存在として手腕を発揮する。女性でありながら政治の場で活躍、冷静な才知で歴史を動かして、「阿茶局」の名を今に残したのである。

1632（寛永9）年、秀忠が他界すると78歳で剃髪した。5年後、京で83歳の生涯を終える。晩年の活躍の場が京であったことから、東山の金戒光明寺《こんかいこうみょうじ》（京都市左京区）に葬られた。阿茶局の開基による上徳寺《じょうとくじ》（京都市下京区）を菩提所とし、江戸では阿茶局が開創した雲光寺《うんこうじ》（東京都江東区）が菩提所となった。

26 鳥取城と督《とく》姫《ひめ》

雄藩を支えた家康の2女、家財を傾けたことも

鳥取城《とっとりじょう》は因幡《いなば》（鳥取県東部）を統治した山名《やまな》氏の出城として、1545（天文14）年ごろに山名誠《のぶ》通《みち》が築いたという。山上に天守、麓に二の丸・天球《てんきゅう》丸、三の丸などが配された。のち、山名豊国《とよくに》・吉川経家《きっかわつねいえ》などが入城。関ヶ原の合戦後、池田氏が城主となり、以後、明治まで、池田氏の直系子孫が治めた。城址には城門ひとつと累々とそびえる石垣が残る。

督姫《とくひめ》は1565（永禄8）年、徳川家康《とくがわいえやす》の2女として三河国岡崎《みかわのくにおかざき》（愛知県東部）に生まれた。母・西郡局《にしごおりのつぼね》は家康の最初の側室といわれる。

織田信長《おだのぶなが》が本能寺《ほんのうじ》の変《へん》で急死すると、家康は甲斐《かい》（山梨県）に侵攻、小田原の北条氏と甲斐・

16世紀半ば山名氏が築城。のち吉川氏は秀吉に攻められ開城。江戸時代、池田氏居城。1879（明治12）年、廃城。2006（平成8）年、日本100名城に選定。遺構は石垣・石畳道など。

鳥取城【とっとりじょう】

JR山陰本線・鳥取駅下車、日交バスで「砂丘・湖山・賀露方面行き「西町」下車、徒歩5分。車の場合は中国道「佐用IC」から国道373、国道53経由、約1時間40分。

信濃《しなの》（長野県）の領土をめぐって争う。両者の勢力は伯仲し、互いに戦を回避しようと和議を結んだ。

1583（天正11）年、和睦の証として、督姫は北条家5代当主・氏直《うじなお》に輿入れする。督姫19歳、氏直は22歳。政略結婚だったが、夫妻はむつまじく穏やかな日々を送り、女児をひとり儲けた。のちに池田利隆《いけだとしたか》（督姫の義子）と婚約、早世した宝珠院殿《ほうじゅいんどの》である。

幸せは長くは続かなかった。

1590（天正18）年、天下統一を目指す豊臣秀吉は北条氏討伐の兵を起こし、20万の大軍で海陸から小田原を包囲。北条氏はついに敗れ、滅亡した。

氏直の父・氏政《うじまさ》、叔父・氏輝《うじてる》は切腹、氏直は家康の嘆願で助命され、高野山に配流になる。翌年、氏直は許され、大坂河内《かわち》と関東に1万石を与えられ、督姫《とくひめ》も河内におもむく。だがこの年、氏直は30歳で病没。督姫は家康のもとへ戻った。

3年のち、30歳になった督姫は、秀吉の媒酌で三河吉田《みかわよしだ》15万石城主・池田輝政《てるまさ》(31歳)の継室となる。輝政とは仲がよく、相次いで5男2女に恵まれた。戦国を生き抜く女にふさわしく、順応性のある、気丈でおおらかな人柄だったのだろう。

家康の娘を妻に迎えた輝政は、めざましい隆盛をみる。関ヶ原の戦い後、播磨《はりま》(兵庫県南西部)姫路《ひめじ》52万石に加増移封になり、姫路城《ひめじじょう》を大改修、今に残る名城を築き上げた。正三位《しょうさんみ》・参議《さんぎ》の位階を賜り「播磨宰相《さいしょう》」「姫路宰相」などと称され、外様《とざま》大名ながら破格の繁栄を築いていく。「播磨御前《ごぜん》」と呼ばれた督姫は、浪費のあまり家財を傾け、家中騒動の一因を作ったともいう。

家康は孫を溺愛し、惜しげもなく所領を与えた。輝政には先妻の産んだ嫡子・利隆《としたか》がいたが、督姫所生《しょせい》の5歳の忠継《ただつぐ》に備前岡山《びぜんおかやま》28万石を与えるなど、池田家はあわせて100万石を超える外様雄藩《ゆうはん》になった。家康や督姫の威光をもって権勢をふるう輝政を、督姫は満たされた思いで眺めたことだろう。

1613(慶長18)年、輝政は49歳で病没。督姫はわが子・忠継の家督相続を願うが、まだ15歳にすぎない。輝政の遺領・姫路52万石のうち、42万石は30歳の利隆が継いだ。利隆は西播磨三郡10万石を忠継に分与。忠継はすでに領していた岡山28万石とあわせて38万石を領する岡山城主になった。利隆にさほど劣らない所領を得たのである。

相続をめぐるいざこざは、「毒饅頭事件《どくまんじゅうじけん》」として取沙汰された。督姫は継子・利隆を憎み、毒饅頭を盛った。その饅頭を実子・忠継が食べて死んでしまい、嘆いた督姫は毒をあおって後を追ったというものだ。だが、督姫は忠継に19日先立って没している。家康の娘として誇り高く振る舞う督姫への嫉視《しっし》から生じた巷説《こうせつ》であろう。史実としては、利隆は年若い忠継の治世をよく補佐し、ふたりは仲のよい兄弟だったと伝えられる。

明治の廃藩置県まで鳥取城は忠継の嫡流・光仲《みつなか》とその子孫12代が治めた。御宝蔵《ごほうぞう》には督姫が持参した北条家の家宝・名剣「来太郎《らいたろう》」、「後三年《ごさんねん》の絵巻物」が納められているという。滅亡に直面した北条氏は宝物を督姫に託し、徳川家の庇護に委ねたのかもしれない。督姫は51歳で、姫路城あるいは京で没し、京の知恩院《ちおんいん》に葬られた。

27 松本城と松姫《まつひめ》

24歳でわが子を残しての死。松姫が願ったものは？

長野県の中央、北アルプスに抱かれた松本平《まつもとだいら》に雄姿を誇る松本城《まつもとじょう》。１５９４（文禄3）年、城主・石川数正《いしかわかずまさ》によって築造された。国宝天守群は大天守《だいてんしゅ》、乾小天守《いぬいしょうてんしゅ》、辰巳附櫓《たつみつけやぐら》、月見櫓《つきみやぐら》からなり、5層6階の大天守、3層4階の乾小天守は渡櫓《わたりやぐら》で連結されている。1層2階の辰巳附櫓、月見櫓は１６３４（寛永11）年、城主・松平直政《まつだいらなおまさ》により増築された。

天守群の屋根はすべて本瓦葺《ほんかわらぶ》き、外壁は各層とも白漆喰《しろしっくい》仕上げ、下見板《したみいた》は黒漆喰《くろしっくい》塗りとなっており、威厳あるたたずまいを堀の水面に映し出す。堀幅は、現在、大きく縮小されたが、かつての幅は25mあり、敵の射る矢を阻むのに十分な大堀であった。

1582（天正 10）年、小笠原氏が深志城を改修。1594（文禄 3）年、石川氏が天守を完成。明治の破却を免れる。天守は国宝。ほか多くの遺構は国指定史跡。

松本城【まつもとじょう】

JR 松本駅から徒歩約 15 分。タウンスニーカー北コースのバスで「松本城・市役所前」下車。車の場合は長野道「松本 IC」から、国道 158 号線を松本市街地へ向かい約 3km。

天守内部には重い屋根を支える敷梁《しきばり》、垂木《たるき》、各階に設けられた急勾配の階段が見られ、戦国時代の息吹を今に伝える。本丸と二の丸東部分の石垣、三の丸惣堀《そうぼり》が国史跡に指定され、黒門《くろもん》桝形《ますがた》、太鼓門桝形《たいこもんますがた》も復元され、往時の威容がよみがえった。

1617（元和3）年に松本城主となった戸田《とだ》康長《やすなが》の正室・松姫《まつひめ》は、徳川家康の父違いの妹である。1565（永禄8）年、尾張《おわり》（愛知県西部）阿《あ》久比《ぐい》城主・久松俊勝《ひさまつとしかつ》の娘に生まれた。母は於大《おだい》の方《かた》（伝通院《でんづういん》）である。

於大は岡崎《おかざき》（愛知県中部）城主で今川氏《いまがわし》家臣の松《まつ》平広忠《だいらひろただ》に嫁ぎ長男竹千代《たけちよ》（のちの家康）を産むが、ほどなく離縁される。実家の兄・水野信元《みずののぶもと》が今川氏と絶縁し、織田氏に従ったためであった。のち於大《おだい》は久松俊勝に再嫁し3男3女をもうけた。竹千代は6歳で今川氏の人質になるが、於大は絶えず家康と連絡を取り続けた。桶狭間《おけはざま》の戦い後、今川家から独立した家康は、於大の3人の息子に松平姓を与えて家臣とし、於大を母として迎えたのである。

家康は5歳の異父妹・松姫を、幼くして父を失い家督を継いだ戸田康長《とだやすなが》の許嫁《いいなずけ》にした。戸田氏は家康の歴戦を武勇で支えてきた忠臣である。1578(天正6)年、14歳になった松姫は、二連木城《にれんぎじょう》(愛知県豊橋市)の康長のもとに正室として輿入れした。ふくよかな美人だったという松姫と、実直で穏やかな性格の康長とは、仲睦まじかったと伝えられる。2年後に嫡子虎松《とらまつ》(のちの永兼《ながかね》)、ついで1女が誕生するが、松姫はわずか24歳で子らを残して亡くなり、二連木の全久院《ぜんきゅういん》に葬られた。

その後、康長は1万石取りの大名として次々と関東の諸国を治め、松姫が他界して30年ほど経って、7万石の松本城主となった。若くして亡くなった松姫は松本城には入っていない。だが、松本には今も、わが子を思う松姫の伝説が伝えられている。

松姫は生前、病弱な虎松の無事な成長をひたすら願っていた。やがて母の悲願であった元服を迎えた虎松は、孫六郎永兼《まごろくろうながかね》と名のり、よき跡継ぎに育っていく。１６１９(元和5)年、永兼は家康と対面のため江戸に上るが、その晴れやかな道中で病死してしまう。40歳であった。

やがて康長が没すると、家督は康長の側室の産んだ康直《やすなお》が継いだが、1ヵ月後、播磨《はりま》(兵庫県)明石《あかし》に移封になる。その翌年、康直も18歳で亡くなってしまい、戸田家はあいついで不幸に見舞われる。わが子永兼が家督を継げなかったことを恨む松姫の祟りだと噂になった。

康直の跡を継いだ甥の光重《みつしげ》は、康長・永兼・松姫を祀る暘谷《ようこく》大神社を明石に創建した。それから90余年後、戸田氏はふたたび松本藩主に任じられる。この時、戸田氏は明石に創建した暘谷大神社を松本城内に遷座、のちに戸田家の祖先を合祀し、氏神とした。１９５３(昭和28)年、名称が松本神社と改められた。

現在は松本城の北隣、松本市丸の内にあり、松姫伝説を伝えるとともに、縁結び、郷土発展の神として人びとの信仰を集めている。御神木の大欅《けやき》は境内の外、道路の中央分離帯に枝葉をひろげている。

28 姫路城と千姫《せんひめ》

姫路城に住んだのは10年。のち江戸城で弟将軍を支える

美しい破風《はふ》が陽に映える姫路城（兵庫県）。国宝、そして世界遺産である。そびえる天守群と白壁の美しさから、白鷺城《しらさぎじょう》とも呼ばれる。大手門から三の丸跡に入城すると、大空に羽ばたくかのような大天守の美に誘いこまれる。

左手の「千姫《せんひめ》ぼたん園」は城主の居館があった三の丸跡だ。その向こう、西の丸には長局《ながつぼね》の呼び名どおりの長い長い百間廊下《ひゃっけんろうか》が続き、化粧櫓《やぐら》にいたる。千姫が本多忠刻《ほんだただとき》に輿入れのとき持参した10万両の化粧料で建てられたという。ほの暗い櫓を抜けると、大天守はもう目の前だ。

千姫は1597（慶長2）年、徳川2代将軍・秀忠の長女として、山城国《やましろのくに》伏見城《ふしみじょう》（京都市）内の

天守群は国宝。ほか多くの遺構が国指定重要文化財・国指定特別史跡。ユネスコ世界文化遺産。1333（元弘3）年、城柵を構築、以後拡張。1600（慶長5）年、池田輝政が大拡張工事開始。1873（明治6）年、廃城。1956（昭和31）年から調査・修理・整備。多くの遺構が見られる。

姫路城【ひめじじょう】

JR姫路駅徒歩10分。

徳川邸で生まれた。母は秀忠の正室・お江《ごう》（浅井長政とお市の方の3女）である。祖父・家康と豊臣秀吉の政略で、2歳のとき秀吉の嫡子・秀頼《ひでより》（母・淀殿《よどどの》は、お江の姉・茶々）と婚約。

1600（慶長5）年、家康は関ヶ原の戦いに勝利し、天下の覇権を握った。家康は豊臣家を一大名として取り込もうとするが、淀殿は聞く耳を持たない。こんな情勢のなかで、7歳の千姫は11歳の秀頼に嫁ぐ。

16歳になった千姫は、「鬢曾木《びんそぎ》」という儀式を迎える。男子の元服に似たもので、父や兄、婚約者や夫が女性の鬢の髪を切り削ぐ。淀殿や侍女たちに見守られ、千姫は碁盤の上に立ち、秀頼が小刀で鬢を少し削いだ。なんとも微笑ましい光景が目に浮かぶ。

淀殿《よどどの》と家康の対立は深まり、ついに大坂の陣へと突入。徳川軍の大坂城総攻撃が迫る。千姫は秀頼の命乞いのため、淀殿や家臣・大野治長《おおのはるなが》によって城外に出された。父・秀忠は「なぜ最後まで夫に連れ添わなかったか」と怒って面会を拒み、家康が千姫を庇護したと伝えられる。

坂崎出羽守《さかざきでわのかみ》が炎上する大坂城に躍り込んで姫を助けたというエピソードは事実ではない。坂崎は千姫を徳川の陣に護送したにすぎない。

温厚な性格の千姫だったが、秀頼の側室の子・奈阿姫《なあひめ》の助命を必死に嘆願、その結果、奈阿姫は助かったとされる。千姫は奈阿姫を養女にし、縁切り寺として知られている鎌倉の東慶寺《とうけいじ》に入れた。奈阿姫は出家して天秀尼《てんしゅうに》と号し、のち同寺の20世住職となって女人救済に尽くす。

夏の陣の翌年、20歳になった千姫は、伊勢(三重県)桑名《くわな》城主・本多忠政《ただまさ》の嫡男・忠刻と再婚する。美男の忠刻《ただとき》に恋をしたと巷説にいわれるが、実際は忠刻の母・熊姫《ゆうひめ》が家康の孫だったため、政治的判断での婚姻だった。翌年、本多氏は国替えで姫路に移る。姫路では勝姫《かつひめ》、嫡男・幸千代《こうちよ》の2人の子も授かり、どれほど幸せだったことだろう。月見の宴に舅・忠政、姑・熊姫、夫・忠刻と読み交わした連歌が伝えられている。

いさきよき　心やたむる　菊の月　忠政
池のしつかに　月うつる庭　於熊
初秋の　風を簾に　まきとりて　忠刻
軒ばにおほふ　竹の葉の露　お千

清らかな月のもと、むつまじい家族の姿が伝わってくる。

幸せは長くは続かなかった。嫁いで10年後、幸千代が早世、忠刻も31歳で他界する。千姫は勝姫を連れて、母・お江亡きあとの江戸城に帰り、髪を下ろし天樹院《てんじゅいん》と号した。

ふたたび未亡人になった千姫に、ご乱行の逸話が生まれる。江戸番町《ばんちょう》（東京都千代田区）の吉田御殿の2階から通りを眺め、美男が通ると誘い込み、飽きると井戸に突き落とすというものだ。

吉田通れば　二階から招く
しかも鹿の子《かこ》の　振袖で

と俗謡にうたわれた。だが、これは東海道の吉田宿の遊女をうたったもので、いつのまにか千姫の乱行伝説になった。徳川将軍家の姫君が通りから見える屋敷に住むなど、ありえないことだ。美しく高貴な未亡人への揶揄《やゆ》は、いつの世にもあるらしい。

千姫は江戸城の竹橋《たけばし》の天樹院御殿（現在の北の丸公園　国立近代美術館付近）に住み、3代将軍・家光の側室を預かって、子・綱重《つなしげ》の母代りを務めるなど、弟のよい相談相手になった。

東慶寺の伽藍《がらん》を再興し、天秀尼への助言を惜しまず、陰になり日向になって支えていく。江戸に帰って40年、1666（寛文6）年、千姫は徳川家の家族たちに敬われ、多くの侍女に慕われて、70年の生涯を終え、伝通院《でんづういん》（東京都文京区）に葬られた。

29 京都御所と東《とう》福《ふく》門《もん》院《いん》和《まさ》子《こ》

華麗な「寛永文化」を育んだ家康の孫娘

城は敵に攻めこまれた際の防衛拠点として設けられた。戦闘拠点であるとともに、武器・食糧・資金の貯蔵所でもある。また、主要な城には戦の指揮官が居を構え、政治を執り行った。堀や石垣、天守、櫓《やぐら》を備える戦の砦である。

一方、京都御所は、鎌倉時代中期から１８６９（明治2）年まで歴代天皇が居住し、執務する宮殿であった。明治維新の東京行幸により、１８７７（明治10）年に保存された。御所のシンボル承明門《じょうめいもん》、日華門《にっかもん》や月華門《げっかもん》、紫宸殿《ししんでん》、清涼殿《せいりょうでん》、御内庭《ごないてい》などの参観は申込制になっている。ほかに、年2回、一般公開の期間がある。

この京都御所に、戦国時代の落し子が嫁いだ。徳川家康《とくがわいえやす》の孫、2代将軍秀忠《ひでただ》と御台所《みだいどころ》お江《ごう》の第7子で5女の和子《まさこ》である。和子は1607（慶長12）年、江戸城大奥で生まれた。初名《しょみょう》は松《まつ》姫《ひめ》と伝えられる。1612（慶長19）年、後水尾《ごみずのお》天皇が即位すると、家康は和子の入内《じゅだい》を申し入れた。2年後、入内の宣旨《せんじ》が下るが、入輿《にゅうよ》はずっと先になる。家康が豊臣家を滅ぼした大坂冬・夏の陣、家康の他界、後陽成院《ごようぜいいん》の崩御などが続いたためである。

1619（元和5）年の入内が決まり、女御御殿《にょうごごてん》の造営が始まっていたが、後水尾天皇の寵愛する女官・四辻与津子《よつじよつこ》が皇子を出産したことが判明する。激怒した秀忠が上洛したその月、与津子が今度は皇女を産んだ。秀忠は与津子の兄弟や近親らと、与津子や与津子所生の皇子・皇女も追放した（およつ御寮人事件）。

1620（元和6）年、ようやく和子は二条城から盛大華麗な行列にともなわれて女御《にょうご》として入内。元和9年、女一宮興子《おんないちのみやおきこ》内親王が誕生すると中宮《ちゅうぐう》に冊立《さくりつ》された。2皇子、5皇女を産むが皇子は早世してしまう。

1629（寛永6）年、御水尾天皇と幕府が対立する紫衣《しえ》事件が起こり、天皇は幕府に抵抗して突然譲位、和子は東福門院《とうふくもんいん》を号する。興子内親王は明正《めいしょう》天皇として即位した。

鎌倉中期から明治初年、天皇が住んだ宮殿。1877（明治10）年、保存が決まる。建礼門・紫宸殿・清涼殿・小御所・御池庭・御内庭など、申請すれば参観できる。

京都御所【きょうとごしょ】

地下鉄烏丸線・今出川駅下車、徒歩５分、京都駅から市バスで「烏丸今出川」下車徒歩５分。

1634（寛永11）年には新将軍となった兄の家光が上洛し、姪にあたる明正天皇に拝謁《はいえつ》、東福門院の御所も訪れた。

禁裏の奥深くに嫁いだ和子の肉声は、残念ながら伝わっていない。だが、幕府と皇室を繋ごうと務めた和子により、多くの文化遺産が育まれた。

修学院離宮《しゅうがくいんりきゅう》は和子の要請で建築費の大半を幕府が負担して創建。祖父母である浅井長政《あざいながまさ》とお市《いち》の方《かた》を祀る京の養源院《ようげんいん》を兄の3代将軍家光《いえみつ》に頼んで保護した。

宮中に小袖《こそで》を着用する習慣を持ち込んだのは和子だといわれ、尾形光琳《おがたこうりん》・乾山《けんざん》兄弟の実家「雁金屋《かりがねや》」を重用し、華麗なデザインの衣装「寛《かん》文小袖《ぶんこそで》」を制作させた。左右の柄が違う片身替《かたみがわり》という豪華絢爛な衣装を創りだす。片身は刺繍《しゅう》、他方は摺泊《すりはく》（のりで金箔を衣類に接着）であったり、縫箔《ぬいはく》と摺箔をほどこし、また模様も、片身は松・桐・鶴、他方は季節の花であったりする。襟は辻《つじ》が花染《はなぞめ》（草花模様を紅色に染めたもの）という華麗さだ。

尾形家はお江の父・浅井家の縁戚で、お江の乳母・民部卿局《みんぶきょうのつぼね》の実家だという。和子は自分や娘、女官たちの着物を大量に注文。値《あたい》は1着・銀500匁、大奥は1着・銀300匁なので、はるかに上回る。小袖だけで、今の価格にして年1億5千万から2億円を超える費用は幕府が負担。上方の町人を豊かにし、元禄文化の源になるが、幕府財政困窮のきっかけにもなった。

茶道を好み、千利休《せんのりきゅう》の孫・宗旦《そうたん》を御所に招き茶事《ちゃじ》の作法を編みだし、京焼の陶工・野々村《ののむら》仁清《にんせい》に水差《みずさし》などの茶道具を注文。また、非常に器用で、今も羽子板などに見られるような押絵《おしえ》を創作、押絵拝領は、京の文化人のステータス・シンボルとなった。現在、茶道の千家《せんけ》が和子作の押絵を多数所蔵しているという。雛人形の御所飾り（お内裏さま・三人官女などの段飾り）も和子の発案という。これらは「寛永《かんえい》文化」と称され、やがて、中世の伝統を引き継ぐ町衆の「元禄《げんろく》文化」へと開花していく。当代一のアーティストの感性を現代に残し、和子《まさこ》は72歳で没した。

30

戦場から連れさられ、異国で波瀾万丈の人生を生き抜く

宇土城《うとじょう》とおたあジュリア

宇土城《うとじょう》（熊本県宇土市）は1588（天正16）年、キリシタン大名・小西行長《こにしゆきなが》によって築かれた。石垣と空堀《からぼり》による壮大な縄張《なわば》りで、城門は5つ、3層の天守は数里離れたところからも望めたという。熊本城の宇土櫓《やぐら》は、この天守を移築したものと伝えられる。

1612（慶長17）年に廃城となったが、現在、石垣や堀跡が残る城跡は国の史跡に指定され、城山公園として整備されている。

おたあジュリアは豊臣秀吉《とよとみひでよし》の朝鮮出兵のおり、日本に連れて来られた朝鮮人女性である。

1592（文禄元）年、5歳ほどの幼女が親とはぐれて戦場をさまよっていた。行長は幼女を

保護し、宇土城に連れ帰った。行長夫妻は〝おたあ〟と名づけ、わが子のようにかわいがり、大名の姫にふさわしい読み書きや行儀作法を学ばせ、洗礼を受けさせる。洗礼名を「ジュリア」という。

1600(慶長5)年、行長は関ヶ原の戦いで徳川家康軍に敗れ、京の六条河原で斬首になる。家康は10代なかばのおたあの気品に満ちた美しさや知性を見初め、伏見城《ふしみじょう》(京都市)に連れて帰り、側室・阿茶局《あちゃのつぼね》に仕えさせた。

おたあは行動の自由がきく位の高い女官だったようで、知人に会うという口実で城を抜けては教会に通い、教会のためになる情報を伝えることもあった。城内にこっそりと礼拝堂をこしらえ、聖書を学び、侍女や家臣を信仰に導いていく。城中であるにもかかわらず信仰を貫く姿に信徒たちは感動し、〝茨《いばら》のなかの薔薇《ばら》〟と讃えた。

1606(慶長11)年、家康にともなわれて江戸城に移る。日本橋の教会に通い、恵まれない信徒や教会に多くの施しをし、捨て子の男児を養子にして育てていく。神父はおたあが家康の側室だと思いこんで聖体を与えなかったが、おたあは「もしも家康さまの部屋に召されて逃れることができないとき、わたしは殺されることを選びます」と殉教の決意を示した。

翌年春、家康に従って駿府城《すんぷじょう》（静岡市）に落ち着く。

幕府のキリシタンへの迫害が強まり、おたあは日々棄教を迫られるようになった。多くの女官たちに取り囲まれ、「家康さまは捕虜の身のあなたを自由にし、富や栄誉を与えたではありませんか。お側に上がり、キリスト教も棄てるように」と諭す。

おたあは「家康さまのご恩には力のかぎり報いたいと思います。でも、デウスさまに背くことはできません。たとえ死を与えられましょうとも」と家康のお召しを断り、信仰も棄てなかった。憤った家康は1612（慶長17）年、おたあに伊豆大島への流刑を命じた。

網代湊《あじろみなと》（静岡県熱海市）への道中、おたあは、十字架を背負って刑場に向かうキリストにならい、素足で歩いた。高貴な身のおたあの足は、たちまち血にまみれる。護衛の侍は、「この方はいつか城に呼び戻される」と思っていたので、難を恐れて無理やり駕籠《かご》に乗せた。おたあは流罪という試練を与えた神の恩恵に感謝し、島ではミサに与《あずか》れないことを嘆きながら、見送りの信徒たちに別れを告げ、護送船に身を委ねた。大島から新島《にいじま》、神津島《こうづしま》へと、次々に島替えになった。棄教の説得に応じなかったからだともいわれる。

遠島後のおたあについて、イエズス会の報告書は、「ジュリアは今こそ神に奉仕し、神の愛のために苦しむことができると、城にいたときよりも満足している」と記す。

幕府はキリスト教を禁じ、キリシタンへの弾圧は残虐さを増していく。だが島のおたあには、国外に追放されたキリシタンやスペインの貴族などから金品の援助があったようだ。

過酷な流人の暮らしを神の恵みとして耐え、至福の祈りの日々を迎えたであろうおたあの消息はここで途絶える。イエズス会の報告書は、おたあを模範的なキリシタンと記録している。

神津島に、おたあの墓と伝えられる碑がある。しかし1622(元和8)年2月に日本から送られた神父の文書によれば、おたあは神津島を出て大坂の神父のもとで暮らし、のちに長崎に移っている。家康の死去にともなう恩赦で、棄教したことにして赦免されたともいう。

31 江戸城大奥の礎を築き、朝廷とも交渉した女性政治家

江戸城紅葉山御殿《もみじやまごてん》と春日局《かすがのつぼね》

天下人・徳川家康《とくがわいえやす》が築城技術の粋をあつめて築いた江戸城《えどじょう》。「天下普請《てんかぶしん》」として諸大名に工事を分担させ、城や城下を整備し大拡張、堅牢な堀と石垣を備えた日本一の巨城が造り上げられた。だが1657（明暦3）年4代将軍家綱のとき、明暦《めいれき》の大火（振袖火事）で本丸・天守・二の丸・三の丸を焼失した。創建当時の江戸城御殿は川越大師喜多院《かわごえだいしきたいん》（埼玉県）に残るのみである。

家康が尊崇した天海僧正《てんかいそうじょう》が第27世を務めていた喜多院は、1638（寛永15）年川越の大火で山門を除いて全焼。3代将軍家光は江戸城紅葉山《もみじやま》の別殿を解体し、喜多院の客殿、書院、庫裏《くり》として移築した。そのため「家光《いえみつ》誕生の間」「春日局《かすがのつぼね》化粧の間」など江戸城草創期の殿舎が今に

伝わる。

徳川家光公誕生の間は客殿として移築された。17畳半2室、12畳半2室、10畳2室からなり、中央の1室は仏間で、正面の壁には豪華な鳳凰《ほうおう》と桐の壁画が描かれている。襖《ふすま》と壁面の墨絵の山水画、天井の彩色による81枚の花図は華麗である。ほかに厠《かわや》、湯殿も設けられている。

客殿につながる書院は、春日局《かすがのつぼね》が使用していた化粧の間が移築された。8畳2室、12畳2室からなり、一部、中2階もある。

徳川3代将軍家光の乳母・春日局は名を福《ふく》という。父・斉藤利三《さいとうとしみつ》は明智光秀《あけちみつひで》の家老で、光秀とともに本能寺《ほんのうじ》の変で織田信長《おだのぶなが》を討ち、羽柴《はしば》（豊臣《とよとみ》）秀吉《ひでよし》に敗れ処刑された。福は、母方の親戚で公家の三条西家《さんじょうにしけ》で養育されたため、公家の素養である書道・歌道・香道などを身につけることができた。母方の親戚・稲葉正成《いなばまさなり》に嫁ぎ4男を産む。１６０４（慶長9）年家光の誕生にあたって乳母に採用された。そのため、夫・正成と離別の形をとったという。乳母に選抜されたのは、関ヶ原の戦いで正成が主君・小早川秀秋《こばやかわひであき》を説得して徳川方に寝返らせた戦功、公家の親戚であるという家柄、教養が評価されてのことという。

乳母として家光に尽くす一方、江戸城大奥の礎を築き、表向きの政治にも絶大な影響力を

江戸城紅葉山御殿は1638（寛永15）年、川越喜多院の客殿・書院・庫裏として移築され現存。創建期江戸城の唯一の遺構。国指定重要文化財。

川越大師喜多院【かわごえだいしきたいん】

東武東上線、JR川越駅下車、徒歩20分。西武新宿線・本川越駅下車、徒歩15分。車の場合は関越自動車道「川越IC」から20分、圏央道「川島IC」から19分。

持った。松平信綱《まつだいらのぶつな》、柳生宗矩《やぎゅうむねのり》とともに、家光を支えた「鼎《かなえ》の脚《あし》」のひとりに数えられる。

２代将軍秀忠《ひでただ》・江《ごう》夫妻が家光の弟忠長《ただなが》を溺愛し、将軍継承に危機を感じた彼女は駿府の大御所《おおごしょ》家康に訴え出る。これにより家康が口添えし、家光が世継ぎと定まったという。単に忠長偏愛の問題ではなく、長子《ちょうし》相続が明確でなかったこの時代、幕閣《ばっかく》・諸大名が家光派と忠長派に分かれ、政権・利権をめぐり抗争する事態を収束させるためであったといわれる。

１６２６（寛永３）年、江が没すると、大奥の公務を取り仕切るようになる。大奥御年寄《おおおくおとしより》に任じられた福は、奥向きの公務を取り仕切り、徳川家の後継を安定させるため、家光の側室探しに尽力。伊勢慶光院《いせけいこういん》の院主であったお万《まん》の方《かた》や、お楽《らく》の方《かた》、お夏《なつ》の方《かた》などの女性を大奥に入れた。将軍継嗣《けいし》を産み育てるという大奥の役割、職務職階、服装、結髪など、江戸城大奥の基礎を築き、泰平の世のあらたな仕組みを整えていく。

1629(寛永6)年秀忠の内意を受けて上洛。参内《さんだい》を許され、朝廷から春日局の号を賜る。老中をも上回る権力を手にし、朝廷との交渉の前面に立ち、徳川政権の安定に寄与、近世まれにみる女性政治家であったといえよう。

春日局の縁故により、一族は出世した。息子の稲葉正勝《まさかつ》は家光の小姓に取り立てられ、のち老中に就任。相模国《さがみのくに》小田原《おだわら》藩主となった。三条西実条《さんじょうにしさねえだ》は右大臣に、お万の方は公家・六条《ろくじょう》家の出なので、弟(公家)は幕府から高家《こうけ》(儀式・典礼・朝廷との間の諸礼をつかさどる)として迎えられ、元夫・正成は大名となる。

家光が疱瘡に罹ったとき治癒を祈願し薬断ちを誓ったことから、家光がどれほど薬湯を勧めても口にしなかったという。家光のためなら命も惜しまずに、慈愛と忠誠を尽くした春日局は1643(寛永20)年、薬湯を拒み、65歳で最期を迎えたと伝えられる。

32

家康、信長の曾孫、幕府と蜂須賀家の架け橋に

徳島城と氏姫《うじひめ》

徳島《とくしま》市の標高約62mの渭山《いのやま》（城山）の山上と麓《ふもと》に築かれた徳島城。風光の美しい地に建ち、中国の渭水《いすい》（黄河《こうが》の支流）の清らかな光景に似ていることから、渭山城《いのやまじょう》とか渭津城《いのつじょう》と呼ばれた。

1585（天正13）年、豊臣秀吉《とよとみひでよし》から阿波《あわ》（徳島県）一国を与えられた蜂須賀家政《はちすかいえまさ》は、中世の守護・細川頼之《ほそかわよりゆき》時代からの渭山城と麓の寺島城《てらしまじょう》をあわせて築城を開始。翌年ほぼ完成して徳島城と改名、城下を徳島と名づけた。

城域を囲む助任川《すけとうがわ》や寺島川《てらしまがわ》、福島川《ふくしまがわ》を天然の外堀とし、北に吉野川《よしのがわ》河口を控えた、阿波水軍《あわすいぐん》を駆使する蜂須賀家にふさわしい堅城である。1600（慶長5）年、家政の嫡子・至鎮《よししげ》が江戸

幕府から阿波国《あわのくに》・淡路国《あわじのくに》をあわせて27万7千石を拝領し、整備拡張して近世城郭となった。

至鎮の正室・氏姫《うじひめ》は１５９２(文禄元)年、家康の家臣・小笠原秀政《おがさわらひでまさ》(下総古河《しもうさこが》藩主・信濃飯田《しなのいいだ》藩主・信濃松本《まつもと》藩主)の娘に生まれ、すぐに家康の養女となり伏見城《ふしみじょう》に移った。幼名を万姫《まんひめ》・お虎《とら》などという。母・登久姫《とくひめ》は徳川家康《とくがわいえやす》の長男・松平信康《まつだいらのぶやす》と織田信長《おだのぶなが》の娘・徳姫《とくひめ》の長女なので、氏姫は家康・信長の曾孫にあたる。肖像画に見る氏姫の楚々としたたたずまいは、美男美女の家系・織田家の血筋だろうか。

１６００(慶長5)年正月、9歳になった氏姫は15歳の蜂須賀至鎮《よししげ》に嫁いだ。至鎮は秀吉の懐刀・蜂須賀小六《ころく》の孫である。秀吉の没後、諸大名と婚姻関係を結んで勢力を伸ばす家康は、蜂須賀氏を取り込もうと、大坂城の喉元・阿波に、わが養女を配したのだ。

この年の9月、関ヶ原の戦いが起こる。秀吉の股肱《ここう》の臣だった家政は領国阿波を豊臣家に返上して隠居。一方、15歳の至鎮は、天下の形勢を鋭敏に読み取り、家康軍に馳せ参じ、戦功を挙げて初代阿波国徳島藩主に任じられた。蜂須賀家が旧領に復したのは、家康の養女・氏姫を娶ったことも要因であっただろうが、至鎮自身が優れた領主だったからといえよう。

こんな逸話が残っている。主君が他家を訪問するとき、家臣は邪魔にならぬよう、また緊急

1585（天正 13）年、蜂須賀氏が築城開始。その後も整備・拡張。遺構は石垣・表御殿庭園（国名勝指定）。1989（平成元）年、鷲の門を復元。

徳島城【とくしまじょう】

JR 徳島駅のすぐ北に位置する。車の場合、神戸淡路鳴門自動車道、鳴門 IC から国道 11 号を経由。約 12Km。

時にはすぐ駆けつけられるよう待機しなければならない。だが至鎮は「遊んで来い」と小金を渡した。お供は退屈な務めだが、至鎮の家臣はこぞって志願した。他家の領主は人心掌握術に感心したという。至鎮の素早い判断、果敢な行動、天下を見抜く力量は確かなもので、よく書物を読んで研鑽《けんさん》を怠らなかった。藩政の基となる藍《あい》の生産を盛んにし、非常時の食糧の確保に努め、治水工事や塩田開発を指揮し、家臣や領民から慕われたと伝えられる。

　至鎮と氏姫は睦まじく、嫡男・忠英《ただてる》、三保姫《みほひめ》（池田忠雄《ただかつ》正室）、萬《まん》の方《かた》（水野茂貞《しげさだ》正室）をもうけた。

　日蓮宗の信徒である氏姫は嫁いでからも深く帰依し、大石寺御影堂《たいせきじみえいどう》の建立寄進、江戸鳥越《とりごえ》の法詔寺《ほうしょうじ》建立、総本山二天門の建立など、熱心に支援し後見した。

病弱だった至鎮《よししげ》は35歳の若さで亡くなり、氏姫は落飾《らくしょく》して「敬台院《きょうだいいん》」と名乗る。10歳の嫡男・忠英が家督を継ぎ、祖父にあたる家政が後見。江戸の藩中屋敷に住む氏姫は「神君家康公の養女のわが身こそ架け橋」と蜂須賀家と幕府の調整役を務め、若い藩主の後ろ盾となり、75歳の長寿をまっとうした。

氏姫が徳島城の庭園で毒入りの酒を至鎮に勧めて毒殺したという噂がたった。当時、外様《とざま》大名の取り潰し政策をとっていた幕府が、至鎮に落ち度がないので夫人に毒殺を頼んだという。蜂須賀家が臨済宗なのに氏姫が日蓮宗のため、氏姫と家臣のあいだに軋轢《あつれき》があったとか、氏姫が家康の養女であることを鼻にかけているため、などと取沙汰された。これらを訴え出た家臣が、のちに処刑されたともいう。いずれも至鎮の早世を詮索する作り話にすぎない。至鎮が築き、氏姫が支えた阿波徳島藩は、改易《かいえき》も転封《てんぽう》もなく明治維新を迎えたのである。

徳島城址の城山では、縄文後期から弥生時代前期にかけての貝塚や土器などが発見されている。城跡には石垣・堀の一部・表御殿《おもてごてん》庭園(国名勝)が残り、1989(平成元)年、総欅《けやき》造りの鷲《わし》の門《もん》が復元された。

第五章

九州の姫

33 琉球王国動乱の生贄《いけにえ》になった美貌の王女

首里城《しゅりじょう》・勝連城《かつれんぐすく》と百十踏揚《ももとふみあがり》

亜熱帯の沖縄には明るい原色がきらめく。どこまでも青い空、藍色の海原、ブーゲンビレアやハイビスカスなど南国の花が陽に映えて咲く。

百十踏揚《ももとふみあがり》は15世紀の半ばごろ、琉球《りゅうきゅう》王・尚泰久《しょうたいきゅう》の第一王女として越来城《ごえくじょう》に生まれ、首里城《しゅりじょう》で育った。美しく心優しい王女を、王は掌中の珠と慈しみ、人びとは「神霊を宿す祝女《のろ》（女性祭祀者）」とあがめる。

琉球全島は按司《あじ》（地方豪族）らが覇権を争う動乱のさなかにあり、王朝の支配権は不安定だった。踏揚は16歳で勝連《かつれん》の按司・阿摩和利《あまわり》に嫁いだ。豪雄・阿摩和利を抑えるための政略結婚

1406（応永13・永楽4）年ごろ琉球王・尚巴志が築城。1879（明治12）年、琉球王朝終焉。1945（昭和20）年、沖縄戦で破壊。1992（平成4）年、国営公園として多くの遺構を復元、現在も整備が続いている。2000（平成12）年、他の城群とともにユネスコ世界遺産登録。

首里城【しゅりじょう】

モノレール（ゆいレール。沖縄で唯一の電車［那覇空港ターミナル〜首里駅］。渋滞がないので便利）首里城下車、徒歩15分。路線バス（首里城下町線8番）首里城前下車、徒歩3分。

だったが、踏揚は夫に愛され、穏やかな日々が過ぎていく。

一方、首里にほど近い中城《なかぐすく》には、泰久王の妃の父で英雄のほまれ高い按司・護佐丸《ごさまる》が勢力を張っていた。築城技術の粋をきわめた中城城は王にとって脅威になる。

1458（尚泰久6）年、王朝を揺るがす「護佐丸・阿摩和利の乱」が勃発する。

阿摩和利は「護佐丸を討ち、泰久王を倒し、琉球全土を制覇したい」と野望を燃やし、「護佐丸が謀叛を企んでいる」と王に密告した。王は「まさか岳父が」と疑うが、謀叛の気配は確かだという。

王は阿摩和利を総大将に任じ、護佐丸討伐の軍を発する。

急襲された護佐丸《ごさまる》は「何の罪を問われてか」と、無念のうちに一族もろとも自害した。

勝連城に凱旋した阿摩和利《あまわり》は、首里城乗っ取りの準備にかかる。気配を察した踏揚《ふみあがり》は、付き人で「鬼大城《おにうふぐすく》」と異名をとる剛の者・大城賢雄《うふぐすくけんゆう》に相談した。王位を狙い、踏揚に恋情をつのらせる賢雄は、好機とばかり、「急ぎ御父王に知らせましょう」と踏揚を馬に乗せ、首里へと駆けた。

妻の裏切りに気づいた阿摩和利は絶望と怒りに狂い、追手を放つ。追手が迫ると、神霊を宿す踏揚はオモロ（神歌）を唱った。

百十《ももと》踏揚《ふみあがり》や
天地《てにち》　よためかちへ
天《あま》　鳴らちへ
さしふ　助け　わちへ

（天地を揺り動かし　天を鳴らして　百十踏揚を助けたまえ）

うるま市にある中世の要塞的グスク。海外交易で栄えた勝連は京都や鎌倉に例えられる。眼下に、きらめく大海原が望める。

勝連城【かつれんぐすく】

路線バスの場合は那覇バスターミナル発、屋慶名線（27、180番）「西原バス停」下車、徒歩10分。おもろまち駅広場発、屋慶名おもろまち線（227番）「西原バス停」下車、徒歩10分。那覇バスターミナル発、与勝線（52番）「勝連団地前」下車、徒歩5分。車の場合は那覇空港から1・5時間、沖縄自動車道経由で1時間。

ふたりは逃げのびることができた。王はわが娘の報告を信じ、挙兵。首里城に攻め寄せた阿摩和利が勝連城に敗走すると、賢雄に追討を命じる。賢雄は阿摩和利の首を斬った。

賢雄は王から位階と領地、恋い焦がれた踏揚を賜った。家臣に再嫁する踏揚の胸のうちは、いかばかりであっただろう。

賢雄は首里に近い越来《ごえく》の地頭《じとう》（在地領主）に任じられたが、王室のクーデターで泰久の王統は滅び、賢雄も南部の知花《ちばな》に追われ討たれてしまう。

泰久王・護佐丸・阿摩和利の三つ巴の争乱に翻弄《ほんろう》された踏揚は、その後、次兄に庇護され、南部の玉城《たまぐすく》でひっそりと余生を終えたという。

阿摩和利《あまわり》は王位をねらった非道の者と悪評高いが、彼を讃えるオモロがいくつか伝承されている。

勝連の阿摩和利
聞こえ阿摩和利や
大国《ぢやくに》の鳴響《とよ》み
肝高《きもだか》の阿摩和利

（勝連の阿摩和利、名高い阿摩和利よ、大国として誉れ高く、霊力豊かな阿摩和利よ）

領土を富ませ、領民に慕われる按司だったのである。

「琉球王国」は日本（ヤマト）と中国に属しながらも独立を保ち、474年の歴史を刻んだが、1879（明治12）年、明治政府の「琉球処分」によって終焉を迎えた。

グスク（城）は13世紀ごろから按司の要塞として発展した。沖縄本島だけで200以上を数える。城内に「御嶽《うたき》（神が降臨する聖地）」や「拝所《はいしょ》（祈りの場所）」を擁する。

中城村にある有数の規模を誇る城塞的グスク。現存するグスクのなかで最もよく遺構が保存されている。アーチ門や石積みが美しい。

中城城跡【なかぐすくじょうあと】

那覇バスターミナから東陽バス（30番）で与那原経由「中城村」下車、50分。車の場合は那覇空港方面から国道329号線を北上。与那原・西原町を経て中城公園入口交差点を左折、県道146号線を道なりに進む。

アーチ状の石門、風を避《よ》け流すという曲線を描く城壁。そびえる石組みは陽の光を受け、王国の誇りと信仰を今に伝える。

首里城をはじめ多くのグスク跡は沖縄戦で瓦礫の山と化したが、2000（平成12）年、世界遺産に登録され修復が進んでいる。

34 鹿児島城と常磐《ときわ》

幕末の日本を動かした島津氏の礎となった才女

標高107mの城山《しろやま》の麓に築かれた鹿児島城《かごしまじょう》。薩摩《さつま》藩主代々の居城で通称は鶴丸城《つるまるじょう》。1602(慶長7)年、島津家久《しまづいえひさ》が築城に着手。それまで城山の山上にあった上山城《うえのやまじょう》は廃した。鹿児島城に天守は築かれず、御楼門《ごろうもん》(大手門)を入ると、瓦葺の豪華な御殿が軒を連ねていた。1873(明治6)年、本丸を焼失。4年後、西南戦争で二の丸も焼けて殿舎のすべてを失い、石垣と御楼門跡・北御門跡あたりの堀だけが残る。

名君を輩出し、戦国の雄となった薩摩島津氏。この繁栄の礎を切り開いたのは、美しく聡明なひとりの女性の英断だった。名を常盤《ときわ》という。常盤なくして、戦国を疾駆した島津氏も、幕

1602（慶長7）年、島津家久が築城開始。以後島津氏の居城。1873（明治6）年、本丸焼失。4年後の西南戦争で二の丸を焼失、旧態を失う。遺構は御楼門跡・水堀・西南戦争の銃弾痕が残る石垣など。

鹿児島城【かごしまじょう】

JR鹿児島本線・鹿児島中央駅から市電で「市役所前」下車。車の場合は九州鹿児島自動車道「鹿児島北IC」下車、国道3号線。

末の日本を大きく動かした島津氏もなかったといっていい。

常盤は1472（文明4）年ごろ、島津庶流・志布志城主《しぶしじょうしゅ》（鹿児島県志布志市）新納是久《にいろこれひさ》の娘に生まれた。志布志は足利幕府の遣明船の寄港地で、常盤が7歳のとき、外交に携わる高僧・桂庵玄樹《けいあんげんじゅ》が、一時滞在した。常盤は桂庵禅師から『論語』や『大学』など漢籍の手ほどきを受け、学問好きの少女に育つ。涼やかな面立ちの少女は、文芸に造詣の深い是久の掌中の珠として育っていく。やがて是久は、伊作城主《いざくじょう》（鹿児島県日置《ひおき》市）島津分家の子息で文武にすぐれた善久《よしひさ》を常盤の婿に迎える。ところが1485（文明17）年、両家の関係が悪化し、善久は伊作城に帰ることになった。当然のことに常盤《ときわ》とは離縁しなければならない。わずか14歳の常磐は離縁を拒み、「ひとたび嫁いだからには夫に従うのが道と父上はお教えになりました。父上への不孝とは存じますが、夫とともに伊作《いざく》へ参ることをお許しください」と請う。是久《これひさ》は善久《よしひさ》の素質を見込んでいたこともあって、断腸の思いで願いを許可。常盤は志布志をあとにする。常盤と是久のこの決断が、やがて戦国の島津家を生む。

常磐は2女をもうけ、1492(明応元)年、21歳のとき、待望の男児が誕生した。薩摩島津家中興の祖といわれる忠良《ただよし》(日新斎《にっしんさい》)である。だが2年後、夫・善久が家臣に殺されてしまう。馬の飼葉の与え方が悪いと叱ったのがきっかけだったという。

常盤は舅のもとで子らを養育、忠良は和漢の学にすぐれた母を見習って勉学に励む。常盤は男児の教育にそれだけでは不十分と、城下の海蔵院《かいぞういん》の頼増《らいぞう》和尚に教育を委ねる。忠良は、母、そして頼増に学び、為政者の心構えを身につけていく。

またもや不幸が襲う。常盤の心の支えだった舅が戦死。忠良はまだ9歳にすぎない。29歳の常盤は伊作城を担い、女城主として政治を執らなければならなかった。そこへ亡夫の従兄弟で隣地の田布施《たぶせ》城主・相州家《そうしゅうけ》島津氏の運久《ゆきひさ》が近づいてきた。運久は粗暴な男と悪評が高かった。

常盤ほしさに、妻を寺の本堂に閉じ込め焼き殺してしまう。常盤は断り続けるが、運久は強引だった。伊作城を攻撃されれば、ひとたまりもない。行く末を悩んだ常盤は、伊作城と田布施城の家督を忠良に相続させるという誓書を運久からも重臣たちからも取り、30歳で再婚した。

運久は思ったほど悪人ではなく、実子がないので忠良をかわいがり、忠良が21歳になるとあっさりと家督を譲って隠居。すぐれた武将でもあった忠良は、伊作城と、田布施城ほか運久の莫大な財力を相続して勢力を伸ばし、力が衰えた島津本宗家を武力で手に入れる。息子・貴《たか》久《ひさ》を本家の養子にし、島津本宗家15代を継がせ、薩摩国主となったのである。常磐はこの日を待たずに54歳で世を去り、田布施の地に葬られた。

「島津家に暗君なし」といわれる。貴久と、義久《よしひさ》・義弘《よしひろ》・歳久《としひさ》・家久《いえひさ》の兄弟である。それぞれが存分に能力を発揮するのだが、彼らの信念となったのは、47項目の訓《おし》えからなる忠良の「日新斎のいろはうた」であった。

いにしへの道を聞きても唱《とな》へても　わが行いにせずばかひなし
敵となる人こそはわが師匠ぞと　おもひかへして身をもたしなめ

これらを生み出したのは、学問好きな常盤の勇気と才覚にほかならない。戦国から近世大名にいたる島津氏は常盤の子孫である。

35

迫害、弾圧に屈することなく、信仰を貫いた信念のひと

平戸城《ひらどじょう》と松東院《しょうとういん》メンシア

平戸城《ひらどじょう》は長崎県平戸島の北部、平戸市街の東部に位置する。城を囲む三方の海を天然の要害とし、平戸瀬戸《ひらどせと》や平戸港を見下ろす丘の上に建つ。丘の頂に本丸、南寄りに二の丸、東寄りに三の丸が築かれた。城地からは九州本土を望むことができる。

豊臣秀吉の九州征伐に加わった下松浦党《しもまつらとう》（肥前《ひぜん》〈佐賀県・長崎県の一部〉の武士団・水軍）の棟梁・松浦鎮信《まつらしげのぶ》（法印《ほういん》）は、松浦郡と壱岐《いき》の領地を安堵され、文禄《ぶんろく》・慶長《けいちょう》の朝鮮の役《えき》のあと、１５９９（慶長４）年、築城を開始した。しかし、完成間近の１６１３（慶長18）年、みずから火を放って城を破却。江戸幕府から豊臣氏との親交を疑われたこと、嫡子・久信《ひさのぶ》の死が原因であるという。のち、

1704（宝永元）年、4代平戸藩主・松浦鎮信《しげのぶ》（天祥《てんしょう》）が幕府に願い出て再興を開始した。江戸中期の築城許可は異例である。徳川家との姻戚関係、東シナ海警備の必要によると伝えられる。天守は築かれず、3重3階の乾櫓《いぬいやぐら》を建て、天守の代わりとした。

1871（明治4）年、狸櫓《たぬきやぐら》、北虎口門《きたこぐちもん》を残して解体、1962（昭和37）年、模擬天守資料館と櫓4基が再建された。

松東院《しょうとういん》は1575（天正3）年、日本初のキリシタン大名・大村純忠《おおむらすみただ》の5女に生まれ、13歳のとき松浦鎮信の嫡子で17歳の久信に嫁いだ。実名はその、メンシアは洗礼名、松東院は夫没後の法名である。迫害や弾圧に屈することなく、信仰の生涯を貫いた。

父・純忠は肥前国南部の戦国大名・有馬晴純《ありまはるずみ》の2男で、18歳のとき、母の実家・大村家の嗣子となった。キリシタン大名の大友宗麟《おおともそうりん》や甥の有馬晴信《ありまはるのぶ》とともに天正遣欧使節《てんしょうけんおうしせつ》を派遣し、長崎を開港して南蛮貿易をおこなった。遣欧使節の正使・千々石《ちぢわ》ミゲルも純忠の甥で、メンシアには従兄妹にあたる。

大村氏と松浦氏は南蛮貿易の利権をめぐって激しく対立していた。1586（天正14）年、長い間対立していた両氏が和睦、その証として、翌年メンシアが輿入れすると決まる。1587

1599（慶長4）年、松浦氏が築城。破却ののち1703（元禄16）年、再築許可。明治期に廃城。1962（昭和37）年、模擬天守・櫓など復興。遺構は石垣・空堀・櫓跡など。現在、亀岡神社・亀岡公園。日本100名城に選定。

平戸城【ひらどじょう】

松浦鉄道・西九州線平戸口駅下車、バスで「猶興館」か「市役所前」下車、徒歩8分。車の場合は佐世保道「佐世保みなとIC」から国道204号線を進む。

（天正15）年4月、病床にあった純忠は愛娘に、「わしはもうすぐ天に召されるが、異教徒に嫁がせることが案じられてならぬ。デウスへの義務を欠いてはならんぞ。もし教えに背くようなことがあれば死を選べ」と遺言して他界した。翌月、日本最大のキリシタン大名・大友宗麟も没する。この夏、13歳のメンシアは、16歳の久信に輿入れした。だが、父や宗麟の死により、日本のキリシタンは暗雲に包まれ、メンシアにも苦難がやって来る。

松浦家はメンシアに強く改宗を要求。豊臣秀吉によるキリシタン禁教令が発せられ、信仰への圧迫は、ますます強まった。平戸のバテレンも追放され、メンシアが頼れる人は誰もいない。

夫・久信は「棄教か離縁か」と迫る。メンシアは静かに「離縁を」と答えた。その信仰の強さに打たれた久信は離縁を取り止め、次第に理解を示すようになる。小さな聖堂を造って礼拝することを認めた。ヴァリニャーノ神父が平戸を訪れると、久信は自邸に招く。メンシアは神父に聖堂や純忠《すみただ》の形見の聖像を見せ、幸せのあまり、その足元に伏して泣きじゃくったという。まもなく嫡子・隆信《たかのぶ》が産まれ、あわせて5人の男女児を授かる。

1600（慶長5）年、関ヶ原の戦いで松浦家は東軍に与《くみ》し、徳川家康から平戸の地を安堵されるが、2年後、久信が37歳で他界。幕府がキリスト教を全面禁止にすると、藩主に返り咲いた舅・鎮信《しげのぶ》は領内のキリシタン弾圧を強行。メンシアにも棄教を厳命した。鎮信が没し、家督を継いだ長男の隆信は母の信仰を守るが、2男はキリシタン迫害の先頭に立ち、メンシアを哀しみに突き落とす。1630（寛永7）年、66歳のメンシアは幕府から呼び出され、松浦家の江戸の菩提寺である下谷《したや》（東京都台東区）の広徳寺《こうとくじ》に幽閉となった。メンシアを守り続けた隆信も江戸藩邸で亡くなる。その後もメンシアは信仰を棄てることなく、83歳で没し、わが子隆信の脇に寄り添うように埋葬された。幕府が松浦家に寛容だったのは、オランダ商館長を通じて贈り物を怠らなかったからだともいわれる。

36 佐賀城と慶誾尼《けいぎんに》

家名存続より権力交代の決断を実行した才気

明治維新を推進し、新政府に多くの人材を出した薩摩《さつま》藩・長州《ちょうしゅう》藩・土佐《とさ》藩・肥前《ひぜん》藩。肥前藩は鍋島《なべしま》氏の治める佐賀35万7千石である。新政府では旧佐賀藩士、副島種臣《そえじまたねおみ》・江藤新平《えとうしんぺい》・大隈重信《おおくましげのぶ》・大木喬任《おおきたかとう》・佐野常民《さのつねたみ》らが活躍した。

幕末、10代藩主・鍋島直正《なおまさ》の指導で科学技術が発展した。日本初の製鉄所を完成。反射炉（金属融解炉）が稼働。模型の蒸気機関車を披露。牛痘《ぎゅうとう》ワクチンを輸入し、天然痘根絶の先駆けとなる。黒船が来航する直前のことである。

佐賀平野の中央に位置する佐賀城は、別名「沈み城」ともいう。堀の土塁に植えられた樟《くす》や松の林が城内を隠すことや、敵襲の際、外堀に水を満たして防御したからだという。

佐賀城は戦国時代に西九州を席巻した龍造寺《りゅうぞうじ》氏の本拠・村中城《むらなかじょう》の地に建つ。龍造寺氏の衰退後、重臣の鍋島直茂《なべしまなおしげ》が領主となり、城名を佐賀城と改めた。

龍造寺氏から鍋島氏への権力交代を、みずからの決断で実現した貴婦人がいた。慶誾尼《けいぎんに》である。

慶誾尼は1508(永正5)年、肥前の戦国武将で龍造寺宗家《そうけ》当主の胤和《たねかず》の娘に生まれた。18歳で分家の龍造寺周家《ちかいえ》に嫁ぎ、嫡子・隆信《たかのぶ》と2男・長信《ながのぶ》をもうける。その後、龍造寺一族は謀略により壮絶な最期を遂げる。17歳の隆信と慶誾、高齢の曽祖父が生き残った。隆信は龍造寺宗家を継ぎ、村中城に入る。慶誾は39歳だった。

「肥前の熊」と呼ばれた猛将・隆信。そんな隆信の戦いの随所に慶誾の逸話が登場する。勝利した戦いで敵将を助命するよう隆信に助言。龍造寺領に侵入する豊後《ぶんご》(大分県)の大名・大友宗麟《おおともそうりん》への対策や合戦の評定にも加わっている。

隆信は性格が激しかった。慶誾は国の将来を憂え、補佐役として家臣・鍋島清房《きよふさ》の嫡子・直茂《なおしげ》に目をつけた。

妻を亡くしていた清房に「よい相手を見つけて進ぜよう」と持ちかけ、突然、花嫁行列を送

1585（天正 13）年、大改修ののち鍋島氏の居城として拡大。鯱の門と続櫓は国指定重要文化財。佐賀城跡は県指定史跡。2004（平成 16）年、県立佐賀城本丸歴史館開館。遺構は天守台石垣・隅櫓台・外堀など。

佐賀城【さがじょう】

JR 長崎本線佐賀駅下車、佐賀城跡線バスで「サガテレビ前」下車。車の場合は長崎道「佐賀大和 IC」から国道 263 を進む。

り届けた。清房は呆然とした。駕籠の中の花嫁は慶誾、亡き主君の正室である。容赦を願う清房に、慶誾は真意を説いた。

「こうすることで、わたしは直茂どのの義母、隆信と直茂どのは義兄弟。絆を固めれば乱世に打ち勝てるでしょう」

熱意に動かされ、清房は慶誾を受け入れた。いわば「押しかけ女房」の慶誾は49歳。清房よりも、はるかに年上だった。主君の正室が家来の後妻になるなど、当時はありえないことだ。「軽忽《けいこつ》（軽々しい）振る舞い」と非難する人びとに、慶誾は明快に答えた。

「当世は動乱のさなか。能力ある人材に隆信の手足となって働いてもらいたいと、ふさわしい人物を探しておりました。隆信《たかのぶ》と直茂どのを兄弟の縁でつなげ、龍造寺の大功を立てようと思ってのこと」

誰もが押し黙った。

慶誾《けいぎん》のこの決断により、龍造寺家は威勢を伸ばしていく。

1570(元亀元)年、慶誾は63歳。九州一の勢力を誇る大友宗麟《そうりん》が、3万の軍勢と2万の友軍を率いて侵攻。龍造寺軍は5千。軍議は「お家の存続のため」と降伏開城に傾くが、直茂の進言で抗戦に決する。戦が5ヵ月におよぶと直茂は夜討を主張。和睦論もあり軍議はまとまらない。慶誾が立った。

「今夜、敵に討ち入り、死生ふたつの勝負を決してこそ武士の本懐。男子たるもの臆せず戦いなされ」

こう励まし、士気を鼓舞した。

龍造寺軍は大勝、隆信・直茂の義兄弟は九州を3分する大勢力へと発展していく。

1584(天正12)年、隆信が戦死する。家督を継いだ嗣子・政家《まさいえ》を、慶誾が補佐した。おりしも豊臣秀吉の九州討伐に直面。龍造寺家は筑前《ちくぜん》・筑後《ちくご》(福岡県の北西部・南部)の領地を没収され、所領は肥前一国となる。政家に大名としての能力がないと見定めた慶誾は、国主の座を鍋島直茂に委ねる決断を下した。

1600(慶長5)年、慶誾は93歳で他界。のちに徳川家康は、家臣に嫁ぎ、わが孫を廃して家の危機を救った慶誾の行動を称賛したという。鍋島家は代々名君を生み、11代鍋島直大《なおひろ》のときに明治維新を迎えた。

1874(明治7)年に起きた士族の反乱「佐賀の乱」で佐賀城は激戦の舞台となり、鯱《しゃち》の門の扉には弾痕が残る。2004(平成16)年、復元本丸御殿を一般公開。鯱の門と続櫓《つづきやぐら》は国の重要文化財に指定されている。

37 熊本城と伊《い》都《と》

加藤清正を一国一城の主に育て上げる

「好きな城は？」と問われて熊本城を挙げる城郭《じょうかく》ファンは多い。

まずは石垣に目を向けてみよう。そびえる高石垣は、「扇の勾配」と呼ばれる反りを描いて伸びあがる。城内に足を踏み入れれば、進んでも、曲がっても、迷路のように入り組んだ石垣の道だ。近江《おうみ》の石工集団・穴太衆《あのうしゅう》が積みあげた穴太積《あのうづみ》と、隅を頑強かつシャープに改良した算木積《さんぎづみ》の工法が用いられ、それぞれの表情が味わえる。

豊臣秀吉《とよとみひでよし》から肥後《ひご》（熊本県）半国の領主に任じられた加藤清正《かとうきよまさ》は、関ヶ原の戦い後、肥後54万石の藩主となる。１６０１（慶長６）年、築城に着手。難攻不落の城を7年がかりで完成させた。

15世紀半ば旧城築城。1601（慶長6）年、加藤清正が築城着手。のち細川氏の居城。1877（明治10）年、あらかた焼失。1960（昭和35）年、天守を復興。2007（平成19）年、本丸御殿復元。遺構は宇土櫓・高石垣・長塀など。国指定特別史跡。

熊本城【くまもとじょう】

JR熊本駅から電停で「熊本城・市役所前電停」下車、バスの場合は熊本駅前バス停から「交通センター」下車。車の場合は九州自動車道「熊本IC」から国道57号線を熊本市街地方面へ進み、約20分。

広大な城域に大天守・小天守をはじめ、18の櫓門《やぐらもん》、29の城門、天守と見まがうような49の櫓が林立していた。本丸御殿の畳は1570畳もあったと伝えられる。土木工事・築城の名手といわれた加藤清正が、技術の粋をあつめて築いた熊本城。井戸や食糧庫などが充実、武器蔵、隠し部屋、抜け穴など、さまざまな防御や攻撃の施設が造られていたという。

明治時代、城には陸軍の熊本鎮台《ちんだい》がおかれ、1877（明治10）年の西南《せいなん》戦争では難攻不落の造りを示した。西郷軍の総攻撃の3日前に出火。宇土《うと》櫓《やぐら》だけが焼け残った。1960（昭和35）年に復元された大天守・小天守は往時と同様に黒塗りに仕上げられ、豪壮なたたずまいを見せる。

2008（平成20）年から、再建された本丸御殿が一般公開されている。清正が秀吉の遺児・秀頼を迎えるために造ったという「昭君《しょうくん》の間《ま》」が見どころである。

母思いの戦国武将といえば豊臣秀吉が有名だが、加藤清正も孝行息子だった。秀吉の母・なかと、清正の母・伊都《いと》は従姉妹同士で、尾張国《おわりのくに》中村（名古屋市中村区）では家が隣りあっていた。

清正の父は美濃《みの》（岐阜県南部）の斉藤道三《さいとうどうさん》に仕えていたが、戦で負傷して武士を棄て、遠縁の鍛冶屋・清兵衛方に身を寄せた。清兵衛について鍛冶の技術を学ぶうち、清兵衛の娘・伊都と結ばれる。清正が幼いとき、父は37歳で他界。伊都は清正の将来を案じ、武士の子にふさわしい学問を懸命に学ばせ、法華信仰へと導いていく。貧しい暮らしのなかで、勉学の大切さを教え、信仰を貫く母の姿は、清正の精神形成に強く影響した。

清正に幸いしたのは、伊都となかが従姉妹同士だったことだ。なかの息子・秀吉は織田信長《おだのぶなが》の家臣として多くの手柄をたて、一国一城のあるじになっていた。さらに幸運なことに、秀吉の妻・おねと伊都の義妹は、姉妹だった。伊都は清正を秀吉の家臣にしてもらおうと決心し、清正を連れ、長浜城の秀吉・おね夫妻を訪ねる。清正の召し抱えを頼むと、夫妻はこころよく受け入れてくれた。こうして清正は、出世への一歩を踏み出す。

秀吉夫妻には子がなく、おねは福島正則《ふくしままさのり》・浅野長政《あさのながまさ》など親類の子らを手もとにおいて、よく面倒を見た。清正も、そのひとりだった。育ちざかりの男の子たちに腹いっぱい食べさせ、衣類なども揃えてくれた。彼らは秀吉子飼いの勇猛な武将に育っていく。

賤ヶ岳《しずがたけ》の合戦（秀吉が柴田勝家を敗った戦い）で清正は「七本槍」のひとりに数えられる戦功をあげ、3千石取りになる。清正はいつも題目をとなえ、戦に臨んだという。

母の恩に報いようと、亡父を弔う本妙寺《ほんみょうじ》を難波《なにわ》（大阪市）に建てた。よろこんだ伊都は髪を下ろし、夫の菩提を弔い、清正の武運を仏に祈る日々を過ごす。

1588（天正16）年、清正は27歳で秀吉から肥後国《ひごのくに》の半分19万5千余石を授かり、熊本城主となった。清正とともに入城する伊都は、どれほど晴がましかったことだろう。朝鮮に出兵のおり、清正は母の像を携え、日々拝んだという。

1600（慶長5）年5月、伊都は68歳で他界。関ヶ原の合戦の4ヵ月前のことである。のち54万石の藩主になるわが子清正や、壮大に築き直された熊本城を見ることはなかった。清正は本妙寺を熊本城内に移す。母の慈愛に報いようと、伊都の三回忌に妙永寺《みょうえいじ》を建立。清正は終生、家臣たちとの新年の挨拶の前に、まず父母の御霊《みたま》にお参りしたという。

38 鶴崎城《つるさきじょう》と吉岡妙林尼《よしおかみょうりんに》

妖艶な女武将、知謀を駆使して薩摩軍を撃退

豊後国《ぶんごのくに》(大分県)の鶴崎城《つるさきじょう》は、大友義鑑《おおともよしあき》・義鎮《よししげ》(宗麟《そうりん》)(九州北部を支配した戦国大名)父子の重臣・吉岡《よしおか》長増《ながます》によって築かれたと伝えられる。鶴崎城は江戸時代に廃城になったが、遺構は大分鶴崎高校の敷地内から出土した。

鶴崎の地は別府湾を臨む大分平野の北端に位置する。簡素な造りの鶴崎城は、大野川と乙津《おとつ》川の河口が海に向かって開く三角州の付け根あたりに築かれていた。吉岡氏は半里(2㎞)ほど西に千歳城《ちとせじょう》を所有していたが、平時は豊後街道や河川に近く交通の便のいい鶴崎城を住まいとしていたようだ。

室町後期に吉岡氏が築城。1586（天正 14）年、島津氏の攻撃を撃退。江戸時代は熊本藩が領有し廃城。鶴崎小学校・鶴崎高校校地から遺構出土。

鶴崎城【つるさきじょう】

JR 鶴崎駅から徒歩 10 分。大分バスで「鶴崎」下車、徒歩 2 分。

この城を舞台に、夫の死後、智謀を駆使して薩摩島津軍を撃退した女武将がいた。吉岡妙《みょう》林《りん》尼《に》である。臼杵《うすき》の丹生正俊《にうまさとし》の娘で、名は林《りん》と伝えられる。

夫・吉岡鎮興《しげおき》（長増の嫡子）は、30歳だった1576（天正4）年、主君・宗麟《そうりん》の日向《ひゅうが》（宮崎県）遠征軍に加わって出陣、薩摩の島津軍との耳川合戦で壮烈な最期を遂げた。林は出家して妙林尼《みょうりんに》と名のる。嫡子・甚吉《じんきち》（統増《むねます》）は、まだ10歳だった。

大友家はそれまで九州一の勢力を誇っていたが、耳川合戦で多くの将兵を失い、宗麟がキリシタンに入信したことから家臣や家族が分裂し、急速に勢力が衰えていた。

それに付けこむように、薩摩《さつま》・大隅《おおすみ》・日向《ひゅうが》（鹿児島県・宮崎県）を統一した島津義久《よしひさ》が北上を企て、1586（天正14）年、4万を超える大軍で豊《ぶん》後《ご》に攻め入る。鶴崎城が攻撃されるのは目に見えていた。18歳になった妙林の息子で鶴崎城主の統増《むねます》は、宗麟の丹生島城《にうじまじょう》に籠城している。鶴崎城は妙林が守るしかない。

妙林は残ったわずかな武士と農民を動員し、みずから陣頭に立ち、短期間で防御態勢を整えた。一の丸、二の丸を築いて外廓《がいかく》を強化、塀の外には逆茂木《さかもぎ》（先端を鋭くとがらせた柵）を打ち込み、内側は畳や板を立てて補強、薬研堀《やげんぼり》（V字型堀）を二重にし、土塁を高く積み、大規模な落とし穴を掘った。城兵の数を超える280挺ほどの鉄砲も揃ったので、農民にも射撃を教えた。防御の人員が豊富だと思わせるため、城下の農民ばかりか、商人・僧・女・子どもまで、城内に入れることにした。

12月12日、島津軍3千余人が押し寄せる。妙林は陣羽織《じんばおり》に鎖鉢巻《くさりはちまき》、長刀《なぎなた》を手に、作戦を指示した。

「鳴りをひそめ敵をおびき寄せよ。そこへ射撃をかけ、すかさず打って出る」。

城壁を越えるかに見えた敵兵が、ふいに姿を消した。落とし穴や堀にはまったのだ。指揮系統が乱れた敵は、逃げ散る。

城中の者はみな、妙林の作戦を信頼した。

「尼様は救世主じゃ。鶴崎を島津に渡してなるものか」。

侍女たちも鉢巻に括《くく》り袴《ばかま》、太刀を腰に挟み戦支度だ。女に負けておられぬと、城兵の戦意も高まる。

島津兵は16回にわたって攻撃してきたが、妙林の巧みな戦術に翻弄され、鶴崎城を落せない。が、やがて城の兵糧も尽きかけ、妙林は内心に策を秘めて和睦の提案を受け入れた。

島津兵が鶴崎城に入城すると、酒肴を並べ、美女を揃えて「鶴崎踊り」（現在、大分県無形文化財）を披露、妙林は、まだ30代半ばの美貌を駆使し、大将らをもてなす。彼らは酒に酔い、美女を相手に夜を過ごし、夢見心地の日々を過ごす。

3月、豊臣秀吉が島津討伐の兵を発したとの報が届く。島津兵は急遽、薩摩へ引き上げることになった。妙林の妖艶さのとりこになっていた敵将が、

「ともに薩摩へ行こう」

と誘う。

同行すると見せかけた妙林は鶴崎城兵に、

「いよいよ耳川合戦以来の家族の仇を取る日が来た」

と告げて奮い立たせ、撤退する島津兵を寺司浜《てらじはま》で襲撃した。凄惨な戦が繰り広げられ、島津軍は敗走。くしくもこの地は、妙林の夫・鎮興《しげおき》が島津軍に討たれた場所であった。妙林は奪った敵の首級63を大友宗麟に届けた。これをきっかけに、島津義久は豊後攻略から、一切、手を引く。女性ならではの、緻密な作戦の勝利といわれている。

宗麟は「尼の身ながら稀代の忠節、古今絶類」と称賛。宗麟の主・豊臣秀吉は「対面して恩賞をとらせたい」と伝えるが、妙林は固辞したという。

その後の妙林尼の消息は伝わっていない。

39 岡城と虎姫《とらひめ》

「荒城の月」の山城に住まず、宿命に耐えた妻

岡城へはJR豊後竹田《ぶんごたけた》駅（大分県竹田市）から徒歩で20分ほど。標高325mの台地に築かれている。近戸門跡《ちかどもん》、大手門周辺、本丸跡など、壮麗な高石垣群が威容を誇る。大手門に続く石段は独特の蒲鉾《かまぼこ》型の石塁《せきるい》で縁取られ、西の丸御殿への幅20mもある石段は、他の城郭にあまり例を見ない。春の桜、秋の紅葉が苔むした石垣に映え、岡城の四季はことのほか美しい。

〝春高楼の花の宴　めぐる盃影さして　千代の松が枝わけいでし　むかしの光いまいずこ〟

名曲「荒城の月」のメロディーは岡城によって育まれた。作曲者・瀧廉太郎《たきれんたろう》は少年時代、岡城址を遊び場にしていた。作詞者・土井晩翠《どいばんすい》の故郷の仙台城とともに、「花の宴」の舞台となった

城址は、限りない哀愁を誘う。

岡城は別名臥牛城《がぎゅうじょう》ともいう。1185(文治元)年、緒方惟栄《おがたこれよし》が源義経《みなもとのよしつね》を迎えるために築いたという伝説がある。南北朝時代から1586(天正14)年まで、豊後《ぶんご》の守護大友《おおとも》氏の一族・志賀《しが》氏が居城。1594(文禄3)年、織田信長《おだのぶなが》・豊臣秀吉《とよとみひでよし》の家臣中川清秀《きよひで》の2男・中川秀成《なかがわひでしげ》が城主になって、「石垣の城」へと大改修した。以後、中川氏の居城として明治維新を迎える。

織田信長の跡目をかけて争った「賤ヶ岳《しずがたけ》の戦い」で、戦国の勇将のほまれ高い中川清秀は豊臣秀吉軍についた。11時間におよぶ死闘のすえ、柴田勝家《かついえ》軍の猛将・佐久間盛政《さくまもりまさ》(初代金沢《かなざわ》城主)に大敗して自刃。中川家臣のほとんどが討死した。

しかし戦は柴田勢の敗北に終わり、盛政は捕えられる。このとき、まだ30歳、秀吉は彼の武勇を買って家臣にしようと強く誘ったが、盛政は信長や勝家の恩を忘れられず、「生きていれば、いつかきっと秀吉を討つことになろう」と拒んだ。京の市中を引き回され、宇治川の槙島《まきしま》で斬首された。

処刑のとき秀吉は、14歳の秀成を盛政に会わせ、「これが父を殺した男だ」と告げた。秀成は、「勝ち負けは戦の常、憎いとは思いませぬ」と応じる。盛政は「このような若者が婿であれば」

1369（正平24・応安2）年、志賀氏が築城。のち中川氏が居城。1871（明治4）年、廃城。壮大な高石垣・石段・曲輪跡などが残る。「荒城の月」のモデル。国指定史跡。

岡城【おかじょう】

JR豊肥本線豊後竹田駅から緒方・三重方面行バスで「岡城入口」下車、徒歩15分。車の場合は大分道「米良IC」から国道10号線、国道57号線を進む。

と目を細め、死出の旅に立った。

戦国の女たちは動乱のなかで懸命に生きたが、佐久間盛政と正室のあいだの娘・虎姫《とらひめ》と、側室の娘・清姫《きよひめ》も数奇な運命をたどった。虎姫は1564（永禄7）年に生まれた。異母姉妹の清姫の生年は分かっていない。

盛政が敗戦すると、母娘たちは当時の居城・金沢城を脱出、熱田神宮《あつたじんぐう》（名古屋市）に身を隠した。ほどなく清姫は佐久間の一族に嫁ぐ。やがて盛政の娘ということが秀吉に知れ、夫と息子は殺され、清姫は自害したという。

一方の虎姫にも激流が押し寄せる。母と盛政の結婚は秀吉が仲立ちをしていたという縁もあり、盛政亡きあと、母は秀吉の従兄弟・新庄《しんじょう》直頼《なおより》と再婚、虎《とら》は直頼の養女となった。

虎に、秀吉から過酷な命令が下った。なんと、父の最期に立ちあった秀成《ひでしげ》に嫁げという。虎は苦しみ悩んだ。「わが父が、秀成さまの父君を死に追いやった。中川の家臣も多くが死傷している。婚家の母上は、夫を殺した男の娘を憎むであろう。家中の者にも受け入れてはもらえまい」と。それでは武将の妻としての役目は果たせない。

だが、虎も、中川家も、支配権を握った秀吉に逆らうすべはなかった。虎は6歳年下の秀成に輿入れする。嫁いだころ、中川家では秀成の兄が三木城（兵庫県三木市）主として家督を継いでいたから、まだ風あたりを避けられた。ところが、兄が朝鮮出兵で戦死し、秀成が家督を継ぐ。三木城から岡城6万6千石に移封され初代藩主となった。

虎は、さらに深く悩む。賤ヶ岳の戦いから、わずか11年。家族を亡くした者も多く、記憶は、まだ生々しい。家臣たちは宿敵の娘を城主夫人と仰げるだろうか。虎は中川家をはばかり、京や大坂の中川屋敷に留まり、姑の性寿院《しょうじゅいん》に懸命に仕えた。そのけなげさに、やがて性寿院は恨みを解いて心を開く。

秀成と虎は仲睦まじく、4男3女をもうけた。虎は佐久間家の再興を切望したが、家臣の手前、それは許されないことであった。１６１０(慶長15)年、47歳のとき、虎は末子の出産で命を落とす。秀成は、この息子・内記《ないき》に、虎の実家・佐久間家を継がせたのである。嫡子・久盛《ひさもり》は藩主になると、母の遺言を守り、１６４４(寛永21)年、佐久間盛政のための寺を建立した。

40 柳川城《やながわじょう》と立花誾千代《たちばなぎんちよ》

七歳で女城主。武勇の姫は夫をふたたび大名に

関ヶ原の戦いの敗将でありながら、みごと大名に返り咲きを果たした立花宗茂《たちばなむねしげ》。妻・誾千代《ぎんちよ》の勇敢で才知ある働きと深い愛情あってのことと伝えられる。

誾千代は大友宗麟《おおともそうりん》の重臣・立花道雪《たちばなどうせつ》（戸次鑑連《べっきあきつら》）の一人娘として、筑前国《ちくぜんのくに》立花山城《たちばなやまじょう》（福岡県新宮町）に生まれた。聡明で活発、配下の者を思いやる情を育まれた誾千代は、7歳のとき、父から家督を譲られる。男子の相続と同じ手続きを踏み、主家の大友氏の許しを得て、立花山城の女城主となった。

女子の家督相続は、戦国時代にまれな例といわれる。剛勇の将・道雪が期待をかけたほどだ。

16 世紀半ば、蒲池氏築城。1587（天正 15）年、立花宗茂入城。関ヶ原の合戦で除封後 1621（元和 7）年、藩主に復帰。遺構は天守台・石垣・藩主別邸など。

柳川城【やながわじょう】

西鉄天神大牟田線西鉄柳川駅よりバスまたはタクシーで 10 分。

戦乱の世に立ち向かう才覚と気丈さを、十分に兼ね備えていたのであろう。

1581（天正9）年、誾千代13歳のとき、大友家家臣・高橋紹運《たかはしじょううん》（鎮種《しげたね》）の長男で2歳年上の宗茂を婿に迎えた。宗茂は戦上手の実父・紹運と義父・道雪の訓育をうけ、「希代の名将」の名をほしいままにする。大友氏の弱体化により、豊臣秀吉《とよとみひでよし》に臣従。19歳で、初対面の秀吉から「その忠義、鎮西一《ちんぜいいち》、その豪勇、また鎮西一」と軍功を絶賛され、筑後国柳川城《ちくごのくにやながわじょう》（福岡県柳川市）13万石の大名に取り立てられた。

朝鮮出兵のおりのこと、誾千代は出陣した宗茂に代わり、城の武装守備を任されていた。そのとき、好色で名高い秀吉から、名護屋城《なごやじょう》へ来るよう呼び出される。誾千代《ぎんちよ》は長刀《なぎなた》を構え、鉢巻き・襷《たすき》がけの軍装で秀吉の前に進み出た。秀吉は「戦時である。戦支度で馳せ参じるとは立派な心構え」と、ほめるしかなかった。

宗茂《むねしげ》の武勇は、広く知れ渡っていた。1600（慶長5）年、関ヶ原の戦いに際し、徳川家康《とくがわいえやす》から、「勝利のあかつきには50万石を進ぜよう」と、味方するよう誘われる。誾千代や重臣は、東軍につくよう説得した。だが宗茂は、「いらざることを。豊臣の恩義を忘れるくらいなら、命を絶ったほうがいい」と拒絶。西軍に加わり、大津城《おおつじょう》（滋賀県大津市）をみごと開城させた。しかし西軍は関ヶ原の戦いで完敗、宗茂は柳川へと逃れ落ちる。

報《しら》せを聞いた誾千代は、すぐさま戦の支度をととのえ、宗茂の救出に向かい、筑後川のほとりで、疲れきった立花軍に出会う。誾千代は軍兵を守り、無事、柳川城に連れ帰った。夫を城に送り届けると、甲冑を着けて出撃、海岸からの侵攻に備え、海上から来襲した鍋島《なべしま》軍を撃退。開城の説得にきた加藤清正《かとうきよまさ》の、2万の兵の前に立ちはだかった。清正は誾千代の雄々しさに胸うたれ、「さすが立花山の女城主、わが兵をみすみす損ねることもあるまい」と、迂回路を通って引き返す。のち宗茂は清正に城を明け渡し、家臣も引き取ってもらい、みずからは浪人となった。

宗茂・誾千代夫婦に子どもはなかった。一説に、誾千代は夫と不仲だったともいう。宗茂が柳川城主になったとき、誾千代は立花山城の明け渡しを拒んだ。敬慕する父・道雪と、みずからが治めた城を離れがたかったのだろう。その激しい気性から、ついに別居にいたる。誾千代の屋敷は柳川城下に築かれ、宗茂から3千石の扶持が与えられたといわれる。

一方、誾千代の命がけの愛情を示す逸話も残る。宗茂が柳川城を開城し、隠棲したとき、誾千代は宗茂が信仰している太郎稲荷社《たろういなりしゃ》に詣でて、「わたしの命にかえて、夫をもう一度、世に送り出したまえ」と願をかけ、2年ののち、34歳で生涯を閉じてしまう。

宗茂はその後、京や江戸で浪人生活を送る。1603（慶長8）年、家康に求められて5千石の旗本に取り立てられ、のち陸奥《むつ》棚倉《たなぐら》藩（福島県棚倉町）1万石の大名に復帰した。大坂の陣にのぞむ家康が、宗茂の西軍への参陣を警戒して懐柔したともいわれている。

1615（元和元）年、大坂夏の陣に徳川秀忠《ひでただ》を警護して出陣。1620（元和6）年、旧領・柳川10万9千6百石の初代藩主に任じられ、20年ぶりに帰国を果たした。関ヶ原の戦いに敗れながら、確固とした大名に返り咲いたのである。宗茂は帰国の翌年、亡き妻・誾千代のために良清寺《りょうせいじ》を建立。その愛情に報いたと伝えられる。

第六章

西日本の姫

41 松江城と大方殿《おおかたどの》

悲しみと苦悩のなかで築城に心血を注ぐ

宍道湖《しんじこ》（島根県松江市）のほとりに建つ松江城は、堀尾吉晴《ほりおよしはる》により1607（慶長12）年から5年がかりで築かれた。城山の標高は28・4mと低いが、南は入海、東は沼地、西は深田が広がり天然の要害に囲まれている。

端正な姿を誇る天守は、現存する12の古天守（江戸時代、またはそれ以前に築かれた天守）のうち、6番目に古い。4層6階の望楼型で、桃山建築の粋が尽くされ、優美かつ堅固な名城として名を馳せた。

明治以降、城の維持・保存は困難をきわめたが、2001（平成13）年、二の丸櫓《やぐら》3基が復元

1607(慶長12)年、堀尾吉晴が築城開始。のち京極氏・松平氏が居城。古天守現存。2001(平成13)年、南櫓・中櫓・太鼓櫓を復元。遺構は大手門跡など多数。

松江城【まつえじょう】

JR山陰本線・松江駅からレイクラインバスで10分、「松江城大手前」下車。または一畑電鉄「松江しんじ湖温泉駅」から徒歩20分。一畑電鉄「松江しんじ湖温泉駅」から市営バス(北循環線内回り)で5分、「県庁前下車」徒歩5分。

され、古式の美を伝える城として、今も愛好者は多い。

堀尾吉晴は尾張《おわり》(愛知県西部)の土豪の家に生まれ、織田信長《おだのぶなが》に仕え、浅井長政《あざいながまさ》攻撃の小谷《おだに》の戦い、武田勝頼《たけだかつより》を破った長篠《ながしの》の戦いなどで活躍。信長没後は豊臣秀吉《とよとみひでよし》に従い、三老中のひとりになった。関ヶ原の戦いでは徳川家康《とくがわいえやす》の東軍に与《くみ》する。合戦の直前、西軍の総大将・石田三成《いしだみつなり》の親友に斬りつけられ、55歳の身に17創もの傷を負う。

戦には子息《しそく》の忠氏《ただうじ》が出陣、戦功により、忠氏が出雲《いずも》・播磨《はりま》(島根県東部・兵庫県南西部)24万石の藩主となり、吉晴は月山富田城《がっさんとだじょう》(安来市広瀬町)に隠居。父子は新たな居城に、現在の松江の地を選定した。

吉晴《よしはる》と妻の大方殿《おおかたどの》は大きな悲しみと苦悩をかかえることとなる。

4年ほど前から、2女・小那姫《こなひめ》は病の床にあった。両親は名医に診せ、上方から霊薬を取り寄せて服用させたが効き目はない。重い病に苦しみぬいた小那姫は、池に身を投げ、20歳でみずから命を絶ってしまう。吉晴夫妻の嘆きは、いかばかりであっただろう。

それから1年半後、1604(慶長9)年8月のことである。28歳の忠氏《ただうじ》は新城を築くため、松江と月山富田城との間を馬で行き来していた。道中は出雲の神ゆかりの古い神社が連なる水田地帯だった。忠氏は灌漑用の池を視察しようとした。神官が「あの池に近寄ると、必ず異変が起こる」と止めたが、意に止めずに谷に入った。

城地視察から戻った忠氏は急逝してしまう。毒蛇に咬まれたといわれるが、神域に踏み入った神罰という噂も立った。幕府は忠氏の遺児・三之助《さんのすけ》(のち忠清《ただきよ》)の家督相続を許す。だが、まだ6歳と幼い。ようやく傷の癒えた吉晴は、61歳の老骨に鞭うって三之助を後見し、松江城築城に取りかかる。

大方殿は陰になり日向になって築城を支えた。夫人の出自は織田信長の一族・津田氏と伝えられる。長刀《なぎなた》を持ち、鉢巻姿で築城現場を巡視し、笑顔で工夫を励ました。現場に茶屋を開き、侍女に接待させて賑わいを添えた。餅を搗《つ》いて市中の値よりずっと安く売ってよろこばれる。石垣の石を運んだ者には握り飯をひとつ振る舞った。夫人の励ましで工事はどんどん進んでいく。

夫妻は家臣とともに現場に寝泊まりして城造りに全力を注いでいた。その隙に、長女・勝山《かつやま》と夫が家督を奪おうと謀反を起こした。1607（慶長12）年、勝山夫妻は富田城に残っていた9歳の三之助を座敷牢に閉じ込め、殺害を企てた。すんでのところで乳母に助けられて脱出。松江に向かう途中、駆けつけた吉晴の家臣と出会い、無事、松江にたどりついた。1611（慶長16）年に吉晴が亡くなると、大方殿が三之助を支えた。

歴戦の勇士・吉晴は端正な容貌で、性格は温厚だったが、大方殿は積極的で勝気な性質《たち》と伝えられる。吉晴が身ごもらせた女人を預かっている屋敷に押しかけ、座敷に駕籠を乗り入れたという。この激しさあってこそ、苦難を乗り越えられたにちがいない。

夫妻は長男・金助《きんすけ》を早くに亡くしていた。1590（天正18）年、秀吉の小田原攻めに出陣し、18歳で戦死している。大方殿は息子を見送った裁断橋《さいだんばし》（名古屋市熱田区）の擬宝珠《ぎぼし》に供養の銘文を刻んだ。「子をここで発たせ、ふたたび会えぬ悲しさに、涙を流し成仏を祈る。後々の世まで、この銘を見る人は祈り申したまえ」と。空襲で焼失を免れた擬宝珠《ぎぼし》は、名古屋市博物館に収蔵されている。

子らへの愛憎も、夫への嫉妬も、築城に心血を注いだのも、大方殿の情の深さによるものであろう。1619（元和5）年、大方殿は幾多の悲喜を刻む松江城で没した。

42 吉田郡山城《よしだこおりやまじょう》と杉《すぎ》の大方《おおかた》

孤児となった元就の胸中に生き続けた養母

毛利元就《もうりもとなり》といえば稀代の謀略家、敵する者に容赦のない戦国武将と評される。だが、「三本の矢」の伝説にあるように子に和を説いて熱心に教育し、妻・妙玖《みょうきゅう》をいつくしみ、信仰を怠らない温かい心の持ち主でもあった。ときに残虐ささえ致し方なしとされた戦国の世に、誠実さ、心優しさをそなえ、領民や一族の団結を大切にした武将であった。

吉田郡山城《よしだこおりやまじょう》（広島県安芸高田市）は南北朝時代から毛利氏が本拠とした城である。1523（大永3）年、元就は毛利宗家を相続し、山麓に築かれた小規模な郡山城を郡山全山に拡大していく。山頂部から放射状に伸びる6本の尾根、さらに支尾根や谷に大小270段の曲輪を開削した。

修築にあたり、人柱にされようとする少女を救い、「百万一心」と刻んだ石を埋めさせた。この字を分解すると「一日・一力・一心」となる。「力を合わせれば恐れるものはない」と説いたという。

こうした人柄を育み、元就《もとなり》の胸に忘れがたく生き続けた女性がいた。育ての母・杉《すぎ》の大方《おおかた》である。その出自も実名も分かっていない。確かなのは、元就にとって、幼時に他界した生みの母にもまさる慈母であったということだけだ。

1500（明応9）年、元就が4歳のとき、父・弘元《ひろもと》は8歳の嫡男・興元《おきもと》に家督を譲り、郡山城から一里（4km）ほど離れた猿掛城《さるがけじょう》（安芸高田市）に元就を連れて移る。だが翌年、元就の生母は他界してしまう。物心がつきはじめる年ごろである。どれほど寂しかったことだろう。そのうえ10歳で父も病没した。

父から譲られた多治比《たじひ》の300貫の地と猿掛城を後見人で家臣の井上元盛《いのうえもともり》が渡さず、城から追い出されてしまった。頼りとする兄・興元もまだ若く、主君・大内義興《おおうちよしおき》に従って上洛したままだ。その哀れな境遇から、元就は「乞食若殿《こつじきわかとの》」と呼ばれたという。

よるべない孤児となってしまった元就を手元に引き取って育てたのが杉の大方である。39歳

14 世紀半ばごろ毛利氏が築城、元就・輝元が改修。1591（天正 19）年、廃城。遺構は曲輪・石垣・土塁・堀切・井戸など。国指定史跡。

吉田郡山城【よしだこおりやまじょう】

JR 芸備線・吉田口駅または JR 山陽本線・広島駅下車。バスで「吉田町役場」下車。車の場合は中国自動車道「高田 IC」から県道 6 号線経由で進み、田町歴史民俗資料館 か 郡山城の無料車場に停めて徒歩。

で没した父・弘元の側室だったたから、まだ若く、美しい女性だったことだろう。1558（弘治4／永禄元）年、62歳の元就は嫡男・隆元《たかもと》に、こんな手紙を送っている。「大方殿は、父母に死に別れ、どうしていいか分からないみなし子の自分を、あまりに不憫と思われて育ててくださった。このため、まだ若い御身だったのに、再婚もされずに貞女を通されてしまった。自分は大方殿にひしとすがりついて、辛い時代を過ごしたものだ」と。

杉の大方は、とても信心深かった。元就が11歳のころ、ある屋敷に旅の高僧が訪れ、「心信の大事」を説く法会《ほうえ》が催された。杉の大方は元就を連れて行き、仏の教えの大切さを悟らせた。

以後、元就《もとなり》は生涯、毎日、朝日を拝んで祈りのことばを唱えるという生活を怠らず、わが子にも熱心に勧めている。祈りのたびに元就は、信仰の大切さを教えた杉《すぎ》の大方《おおかた》の恩を思い起こし、やさしい慈愛と深い信心を心に刻み続けたことだろう。

1511(永正8)年、井上元盛《もともり》の死により、元就は猿掛城に戻り、元服の式を挙げる。杉の大方は京の興元に使いをやり、元服の許可を取りつけるなど奔走する。元就の元服を、どれほど待ち望んでいたことか。杉の大方の弾む思いが伝わってくるようである。

1516(永正13)年、兄・興元《おきもと》が急死。家督はわずか2歳の嫡子が継ぐ。幼君に動揺する毛利家に、安芸の守護・武田元繁《たけだもとしげ》が攻撃を仕掛けた。翌年、元就は毛利家の命運をかけて出陣、元繁を討ち武名を挙げた。21歳の初陣であった。

このころ元就は親戚の吉川《きっかわ》家から妙玖《みょうきゅう》を妻に迎える。杉の大方は婚礼をよろこび、あれこれと準備に心を砕いたことだろう。妙玖もまた、しっかりとした女性だった。ふたりの賢女に家の内を委ね、元就は戦いに力を発揮していく。

幼君が早世し、元就は重臣たちの推挙により毛利家の家督を継ぎ、郡山城を居城とする。1540(天文9)年、郡山城に尼子《あまこ》氏の3万の軍が攻め寄せた。毛利兵はわずか2400人。

元就は領民5600人余を城内に入れて籠城。民たちは尼子軍が火を放ってもひるまず「引き下ろして寸切りに斬り捨てよ」とはやし立て、偽兵を務め、炊事、負傷者の手当てにおおいに役立つ。大内氏1万の援軍も得て元就は勝利し、国人領主から戦国大名へと成長、安芸国《あきのくに》（広島県西半部）の中心的存在となり、四国、北九州にまで勢力を伸ばす。

毛利家が戦に明け暮れるさなか、1545（天文14）年、杉の大方は生涯を終える。元就は郡山城の清《すが》神社境内に椙若社《すぎわかしゃ》を建立し、杉の大方を祀った。

西日本最大の中世山城・吉田郡山城は、1591（天正19）年、毛利氏が広島城に移ったため、廃城となる。郡山城内の山麓には元就ほか毛利家の墓所があり、山頂の本丸、二の丸、三の丸跡、釣井の壇、姫の丸壇、御蔵屋敷跡、御里屋敷跡など、全山に百数十の曲輪跡と石塁の遺構が見られ、毛利氏繁栄の跡を伝えている。

43 三島城と鶴姫

三島水軍の陣頭に立って戦い18歳で大海原に消える

しまなみ海道の中ほど、大三島《おおみしま》（愛媛県今治市）に、大山祇《おおやまずみ》神社（三島大明神）が鎮座する。日本にただひとつ現存する女性用の胴丸《どうまる》（鎧の一種）が納められている。戦国時代、三島水軍《みしますいぐん》を率いた女将軍・鶴姫《つるひめ》が着用した胴丸だという。紺糸縅《こんいとおどし》の胴丸の胸部はふっくらと膨らみ、胴高は34㎝、胴まわりは71・5㎝と細くくびれている。

鶴姫は1526（大永6）年、大山祇神社の大祝《おおはふり》職（大宮司）である大祝氏の娘に生まれた。父は安用《やすもち》、母の名は妙林《みょうりん》と伝えられる。安舎《やすおく》、安房《やすふさ》という兄がいた。大山祇神社のしきたりで、安舎は神職である大祝職を、安房は大三島を警護する水軍大将・祝《はふり》職を継いで島内・三島城の陣代《じんだい》になると決まっている。

姫も兄たちと同様に、神を祀る厳しい信仰のもとに育つのだが、長兄とは21歳、次兄とは10歳も年が離れていて、父は鶴姫をことのほかかわいがった。利発な姫は父の手ほどきで神道書《しんとう》や家伝の書物を読みこなし、連歌に親しみ、横笛や琴を奏で、武術にも大胆に挑み、神童とうわさが広まる。

大三島はすでに、戦国の嵐のただなかにあった。中国地方の強大な守護大名・大内義隆《おおうちよしたか》の攻略を受け、大祝氏は同族の河野《こうの》氏、村上《むらかみ》水軍と組んで九州の大友《おおとも》氏とよしみを通じ、死闘を繰り返していた。

姫が8歳のとき、父・安用が病死し、長兄の安舎が大祝職を継ぐ。大祝は戦場には立たない決まりなので、次兄・安房が水軍の大将・陣代に就任した。

鶴姫が16歳になった1541(天文10)年6月、大内義隆配下の武将が数百隻の軍船を率いて大三島に攻め寄せ、激闘のすえ大内軍を撃退したが、次兄・安房が討ち死にしてしまう。10月、大内艦隊はふたたび大軍で大三島に迫った。三島水軍は早船《はやふね》(小型船)で夜明け前に奇襲をかけた。陣代として勇猛な三島水軍の陣頭に立ったのは、鶴姫だった。次兄の遺志を継ぎ、大三島の神を守ろうと熱い思いをたぎらせて、海戦を繰り広げる。

涼やかな顔だち、黒髪をきりりと結んだ大柄な鶴姫は、どれほど凛々しかったことだろう。敵の旗艦船めがけ、大音声《だいおんじょう》を響かせて、「われこそは三島大明神の使いなり」と名乗りを挙げ、長刀《なぎなた》を振るう。激戦のなか、鶴姫は敵将を何人も討ち取った。鶴姫の勇姿は、まぎれもなく大明神の権化のようだったという。押し寄せる三島水軍に抗しきれず、大内軍はついに撤退した。

安房《やすふさ》の戦死後、三島城陣代になったのは、大祝《おおはふり》氏の同族で鶴姫と幼なじみの越智安成《おちやすなり》だともいう。いずれにしても、想いを寄せあうふたりは、力をあわせて三島水軍を建て直していく。

二度の合戦に敗れた大内軍は兵力を結集、1543（天文12）年6月、猛将・陶晴賢《すえはるかた》が率いる艦隊が大三島に攻撃を敢行した。安成《やすなり》と鶴姫は出陣、得意の早船で作戦を展開するが、大艦隊を相手に敗北は避けられない状況に陥った。安成は敵の将船に切りこみ、鶴姫たちの退却の時間を稼いで討死した。

再出撃を目指し、島に帰って陣容を整えていた鶴姫に、長兄・安舎《やすおく》が静かに言った。

「戦いは終わった。これは大明神のご託宣《たくせん》であるぞ」

大祝氏は、大内氏の軍門に下ることを表明した。鶴姫は失意の胸中につぶやく。

「では、安房兄さまや安成さまの無念はどうなるの」

そして、押し黙ったまま志を固めた。

「お許しください。ご託宣の背きたてまつります。大明神の島に、決して敵をのさばらせはしない。鶴はいとしい方々の仇討ちを果たします」

と。崇《あが》めたてまつる神の託宣に、敢然として背を向ける決意をしたのだ。

鶴姫は残った早船を動員し、夜襲をかけた。おりから嵐が吹き荒れ、鶴姫を援護した。大内軍は不意をくらい、散り散りになって逃走していった。鶴姫は大三島を守り抜き、復讐を遂げたのである。だが、安成を喪った哀しみは癒えない。闇に包まれた海原にひとり漕ぎ出し、ふたたび還ることはなかった。花の盛りの18歳であった。


わが恋は三浦の浦のうつせ貝むなしくなりて名をぞわずらふ

辞世が城に残されていた。鶴姫の沈んだ波間からは、のちの世まで鈴の音が聞こえたという。

『大祝家記《おおはふりかき》』に記された鶴姫の伝説である。

44 岡山城と豪姫《ごうひめ》

夫と息子は島流し、孤独のうちに61歳で他界

肥沃な岡山平野に築かれた岡山城。天守の外壁に黒漆《くろうるし》が塗られていたため烏城《うじょう》と呼ばれ、姫路の白鷺城《しらさぎじょう》とならび、美と広壮さを競った。1573（天正元）年に宇喜多直家《うきたなおいえ》が入城。子の秀家《ひでいえ》は豊臣秀吉《とよとみひでよし》に寵愛されて出世し、秀吉の指示で岡山城を大改築。東西10町（約1km）、南北18町、周囲1里半、（約6km）という広大な城域を誇った。

巨石が目を引く内下馬門《うちげばもん》跡から烏城公園に入城してみる。風雪を耐え抜いた荒々しい石垣に圧倒される。石段を上り表向御殿《おもてむきごてん》の正門・鉄門《くろがねもん》跡へ。本段御殿《ほんだんごてん》への正門は平素は閉じていたので不明門《あかずのもん》と呼ぶ。この正面9間（約16m）もある大型渡櫓門《わたりやぐらもん》をくぐると5層6階の堂々た

1573（天正元）年、宇喜多直家入城。宇喜多秀家が大改修。江戸時代池田氏の居城。1945（昭和20）年、国宝の天守と石山門を空襲で焼失。1966（昭和41）年、天守、諸門を復興。多くの遺構を残す。大名庭園・後楽園（日本三名園のひとつ）は国指定特別名勝。

岡山城【おかやまじょう】

JR岡山駅から岡電バス「岡電高屋行き」、または両備バス「東山経由西大寺行き」。いずれも「県庁前」で下車。路面電車は「東山行」で「城下」下車。

る天守が現れる。金の鯱《しゃち》と金箔瓦がまぶしい。いずれも1966（昭和41）年に復元された。裏手、旭川の岸辺からは、天守は別の姿を見せる。そそり立つ古式の野面積《のづらづみ》の石垣を踏まえ、細身のりりしい若武者のようだ。

　岡山城に栄華の日々をもたらした豪姫《ごうひめ》は、前《まえ》田利家《だとしいえ》と妻・まつの4女に生まれ、幼時に秀吉の養女になり、妻・おね（北政所《きたのまんどころ》）に育てられた。子のない秀吉夫妻は、夫婦ぐるみで仲のよかった利家夫妻の第5子を貰い受けたのである。豪は秀吉夫妻を「ととさま」「かかさま」と呼び、嫁ぐころまで実の親子と信じきっていたという。

　秀吉は、愛らしく気立てのよい豪を溺愛し、陣中からもたびたび手紙を送る。「元気か。よく食べているだろうか。愛らしいことよ。おとと(父)はかわいいそなたに一日も早く会いたい。そなたがなつかしくてたまらない」とありったけの愛情をそそぐ。

美しく育っていく豪《ごう》に「三国一の婿どのを選んでやるぞ」といっていたが、その相手が備前《びぜん》岡山(岡山市)城主・宇喜多秀家《うきたひでいえ》だった。1589(天正17)年、16歳の豪は18歳の秀家に嫁ぐ。

秀家は、直家と側室・ふくのあいだに生まれた嫡男。10歳で直家が没し、翌年、秀吉が猶子《ゆうし》(相続をともなわない養子)にし、やがて豊臣姓を許し、16歳のときには従三位参議《じゅさんみさんぎ》の官位を与えた。秀家は「備前宰相」と呼ばれ、豪が嫁いでから権中納言《ごんのちゅうなごん》の位に昇る。まさに貴公子と姫君の夫婦であった。

豪が嫁いでも、秀吉に嫡男・秀頼《ひでより》が誕生しても、秀吉の豪への溺愛ぶりは変わらなかった。1593(文禄2)年の朝鮮出兵のときには、肥前名護屋城《ひぜんなごやじょう》(佐賀県唐津市)から大坂城のおねへの手紙で、「豪が男であったら関白にしたものを。太閤の秘蔵っ子だから、帰ったら、おねより上位の太閤ほどの官位を与えたいので、そう心得ていてほしい」と書いている。天下人・秀吉にこういわせるほど、豪は賢く度量のひろい人柄だったのだろう。

秀家にいつくしまれ、豪は2男1女をもうけるが、産後の肥立ちが悪く、重い気うつの病にかかる。秀吉は「狐憑《きつねつ》き」のせいだと取り乱し、悪狐退治の祈禱をさせた。このころ、豪はおねの侍女ジュリアの導きで受洗し、「マリア」の名を授かる。病む心に救いを求めたのであろうか。

朝鮮の役後、秀家は権大納言《ごんのだいなごん》・従一位《じゅいちい》に昇る。豊臣五大老のひとりに任じられ、備前国、美作国《みまさかのくに》、備中国《びっちゅうのくに》東部（いずれも岡山県）と播磨国《はりまのくに》西部（兵庫県西部）の57万4千石を治める大大名になった。豪は、義父・秀吉の大きな愛あってこそと、どれほど誇らしかったことだろう。

しかし運命は暗転する。秀吉の死後、関ヶ原の戦いで秀家は西軍の副総帥格で1万7千の兵を率いて戦い、東軍に敗れて消息を絶つ。敗走のとき、つかの間のしのび逢いで身ごもった豪は、2女・冨利姫《と(ふ)りひめ》を授かった。薩摩《さつま》（鹿児島県）の島津《しまづ》家に身を隠していた秀家だったが生存が発覚。島津家、前田家の懇願で死罪は免じられたが、1606（慶長11）年、嫡男・秀高《ひでたか》、2男・秀《ひで》継《つぐ》もともに絶海の孤島・八丈島《はちじょうじま》（東京都）に配流となる。

豪は「一緒に島に渡りたい」と願ったが許されなかった。哀しみにうちひしがれ、加賀《かが》（石川県）藩主の兄・利長《としなが》の勧めで姫たちを連れて金沢に帰る。のちにキリシタンを棄教した。冨利姫は4歳で伏見宮《ふしみのみや》家に嫁ぎ、姉娘・貞姫《さだひめ》は嫁いだのち早世。豪は夫や息子たちの赦免を待ち続け、孤独のうちに61歳で他界、前田家墓所の父母の側に葬られた。

八丈島の秀家は島の人びとに茣蓙《ござ》の編み方や土木工事、薬草の使い方を教え、釣りに時を費やし、84歳まで永らえた。

前田家は幕府の許しを得て、明治になるまで1年おきに八丈島に白米70俵と金子《きんす》35両を送り続ける。豪の息子たちは宇喜多の血脈を八丈島に伝え、子孫は今も島に生き、大ソテツの木陰に鎮まる秀家や一族の墓を守っているという。

江戸時代から明治維新まで、岡山城は池田《いけだ》氏の居城となり、さらに改築が加えられる。旭川を月見橋で渡れば日本三名園のひとつ、大名庭園・後楽園《こうらくえん》が優雅にのびやかに広がり、四季折々の草木は訪れる者を飽きさせない。

一族の最期を守って果敢に戦った女軍哀史

45 常山城《つねやまじょう》と鶴姫《つるひめ》

岡山県玉野市《たまのし》と岡山市にまたがる姿の美しい独立峰・常山《つねやま》。山頂の常山城跡展望台からは、岡山市街、瀬戸内海、四国の山並みを見晴らすことができる。

常山城は15世紀後半、標高３０７ｍの山上に上野《うえの》氏によって築かれた。本丸の発掘調査では、鎌倉時代の建物跡が見つかったという。上野隆徳《たかのり》の滅亡後、宇喜多《うきた》氏の重臣・戸川《とがわ》氏2代が城主になるが、１６０３（慶長8）年、廃城となった。今は本丸跡に、自然石を用いた野面積《のづらづみ》の石垣がわずかに残るのみである。

本丸のすぐ下、北二の丸跡に「女軍《じょぐん》の墓」がある。正面の上野隆徳・鶴姫《つるひめ》夫妻の墓を守るように、34基の五輪塔が並ぶ。武人の誇りを貫いて戦った鶴姫とともに果てた侍女たちの墓である。

鶴姫は1543(天文12)年、備中《びっちゅう》(岡山県西半分)松山《まつやま》城主・三村家親《みむらいえちか》の娘に生まれ、三村氏の武将で常山《つねやま》城主の上野隆徳《たかのり》に嫁いだ。名を「梢の前《こずえまえ》」と呼ばれる。

1575(天正3)年、三村氏と上野氏は中国地方を支配していた毛利《もうり》氏から離反。織田信長《おだのぶなが》とよしみを通じたことから毛利氏の猛攻を受け、5月、松山城の三村氏は滅んだ。

6月、毛利の大軍6500人が上野氏の常山城にも押し寄せた。城兵はわずか200人。家臣は隆徳に舟で四国へ落ち延びるよう勧めた。だが隆徳は「亡き三村氏と心をひとつにして毛利に叛旗をひるがえした。生きて何の面目がたとうか」と、討死《うちじに》の覚悟を示した。鶴姫は、自害した三村の兄との盟約を果たそうとする夫の武士らしい気概に胸が熱くなる。

家臣の中には城を抜け出す者、毛利に降《くだ》る者が相次いだが、隆徳は討手をかけず、勝手にさせた。城に残ったのは、長年上野家に仕えてきた家臣80人ほどと、侍女が34人だった。

常山城は善戦するが、包囲から2日後、数千の敵兵が二の丸に攻め込んできた。隆徳は城兵の先頭に立って鉄砲で反撃、だが数少ない味方は傷つき、猛攻に耐えかねて落城が迫る。隆徳は「もはやこれまで」と自害の意を固め、「明朝、一族の者は、もろともに自刃いたそう」と告

15世紀後半、上野氏が築城。1603（慶長8）年、廃城。遺構は曲輪・石塁・空堀・井戸など。

常山城【つねやまじょう】

JR宇野線常山駅から登山口まで徒歩で数分、城跡まで徒歩で40分程度。岡山から国道30か号線経由の玉野、児島方面行き両備バス宇藤木停留所から登山口まで10分。また、車で登ることも出来る。（Pは栂尾二の丸）岡山から国道30号線経由の玉野、児島方面行き両備バス宇藤木停留。

げた。朝になり、大櫓《おおやぐら》に家族が集った。まず、隆徳の継母が「隆徳の自刃を見るのは耐えられない。先に自害したい」と柱に結わえた刀に身を打ちつけて逝った。まだ15歳の嫡子・高秀《たかひで》も、父の介錯でみごとに切腹。8歳の2男は隆徳が引き寄せて刺した。隆徳の16歳の妹も胸を突いて果てる。

一族が自決していく聖なる場所に、こともあろうか敵の雑兵《ぞうひょう》が「大将の自害が近づいた、首を取ろう」と押し込んできた。鶴姫は33歳、この無礼に激怒し、急ぎ甲冑《かっちゅう》を着け、白鉢巻を締め、家伝の名刀を背負い、長刀《なぎなた》を脇に抱えて敵前へ躍り出た。

「敵兵ひとり討たず、やすやす自害するのは口惜しい。戦って果てよう」と長刀《なぎなた》を振り回し、次々と雑兵を打ち倒す。侍女たちが「人を討てば修羅《しゅら》の罪業苦《ざいごうく》に墜《お》ち、成仏できませぬ。どうかお心静かにご自害を遂げてくださりませ」と止める。鶴姫は高く笑い、「この戦場こそが浄土ゆえ、修羅の苦しみも極楽のいとなみ。なんの辛いことがあろう」と、その手を振り払う。鶴姫は侍女たちに「敵は女を討たぬであろうから、ここを去り、いずこへなりとも落ち延びなされ」と脱出を促した。

鶴姫の覚悟を聞いた侍女たち34人は、「どうせ散るなら、死出の旅のさきがけとなりましょう」と意を決し、鉢巻を締め、立てかけてあった長刀を掴んだ。

鶴姫はこの女軍《じょぐん》部隊を率い、敵将・浦野宗勝《うらのむねかつ》が率いる700騎の真っただ中に斬りこんでいった。馬上の宗勝を見つけると、「勝負せよ」と討ちかかった。宗勝は「女と勝負はせぬ」と逃走。追いかける鶴姫に雑兵がなだれかかる。10数人を斬り伏せたものの、鶴姫は傷を負った。宗勝に家伝の名刀を渡し、「後生を弔ってくだされ」というが早いか、風のような速さで城に引き返した。

夫・隆徳《たかのり》のもとに戻ると、ともに御仏に祈り、太刀をくわえて突っ伏し絶命。それを見届けて隆徳も自刃、常山城は毛利の手に落ちたのであった。

ここに説きだす物語　常山城《つねやまじょう》の一戦は
世にもまれなる女軍のほまれ　いまに伝わる落城哀史……

常山の麓の人びとは今も旧盆前に、女軍の墓に太鼓の音にのせてこの〝常山くどき〟と地踊りを奉納し、霊をなぐさめている。

46 誇り高く逝った女たちの雄々しくも哀しい最期

三木城《みきじょう》と別所長治夫人照子《べっしょながはるふじんてるこ》

三木城（兵庫県三木市）の落城悲話は、別所一族の女たちの雄々しくも哀しい最期を今に伝える。

三木城主・別所長治《べっしょながはる》（別所氏5代当主）は、はじめ、織田信長《おだのぶなが》に与《くみ》していた。1578（天正6）年、天下統一を目指す信長は中国地方の戦国大名・毛利輝元《もうりてるもと》を討つため、羽柴《はしば》（豊臣《とよとみ》）秀吉《ひでよし》を総大将に3万の大軍で播磨《はりま》（兵庫県南西部）に侵攻。このとき長治は信長に叛旗をひるがえし、毛利氏と同盟。東播磨の武将と組んで敵対する。長治ははじめ、信長のもと毛利攻撃の先陣を切るつもりだったという。が、卑賤の出の秀吉を総大将にしたこと、名門・別所氏に対する秀吉の無礼な振る舞いに怒り、離反したともいわれる。

1492（明応元）年、別所氏が大改修。1580（天正 8）年、羽柴秀吉の「三木の干殺し」攻撃で開城。本丸跡・井戸が残る。

三木城【みきじょう】

神戸電鉄・粟生線上の丸駅下車、徒歩 10 分。車の場合は山陽道「三木小野IC」から国道 175 号線を経て県道 2 号線を進む。

別所軍の兵は7500、緒戦で3万の敵に勝利する。別所吉親《よしちか》（長治の叔父）の妻・波《なみ》（26歳）は、紅の鉢巻に鎧《よろい》を着け、黄金造りの細太刀と首掻き刀を差し、愛馬にまたがって敵に斬りこんだ。敵兵を蹴散らし、太刀で斬りまくる。秀吉は「鬼神にも似た女なり」と舌を巻く。

しかし三木城を囲む支城は次々と陥落、城兵や家族7、8千を擁して籠城戦に入る。城内の人数は敗走兵でさらにふくれあがる。籠城1年を経過したころには食糧事情が悪化し、飢餓の惨状を呈しはじめた。

戦は22ヵ月におよんだ。陸海の補給路が遮断され、城兵は衰弱し倒れ伏すという悲惨さだった。ついには草木、牛馬犬猫、はては人肉まで食い尽くす地獄絵図と化した。のちにその残虐さから「三木の干殺《ひごろ》し」といわれる兵糧攻めである。長治《ながはる》は秀吉に使者を送り、おのれの命と引きかえに家臣や領民の助命を嘆願。秀吉は了承し、別れの宴のための酒と肴を城内に贈った。

一族は、女・子どもすべての自害を決意する。まず波が「お手本をお見せしましょう。三途《さんず》の川でお待ちしております」と、わが子3人を刺し、みずからも刀を口にくわえて突っ伏して自害。28歳であった。

辞世　のちの世の道も迷はじ思ひ子を連れてい出《で》ぬる行く末の空　　波

長治の弟・友之《ともゆき》の妻は17歳。初めての子を宿していた。懐剣を取るが手が震え、ついに泣き崩れてしまう。長治の正室・照子《てるこ》は心を鬼にして、

「武将の妻として恥ずかしくはないか。みな一緒に旅立つのです。何を悲しむことがありましょう」

と穏やかに諭した。若妻は気を取り直し、御仏に祈って果てた。

辞世　たのもしや後の世までもつばさをばならぶるほどのちぎりなりけり
　　　みずからも今宵の月も十七よ宵の闇路に迷ひぬるかな　　　　友之妻

照子は夫より1歳下の22歳。城主の妻としてすべてを見届けた照子は「皆々、おみごとな最期であった」と先だった者の冥福を祈り、子らを引き寄せた。仲睦まじい夫妻には、竹姫5歳、虎姫4歳、千代丸3歳、松竹丸2歳の4人の子があった。あどけなくかわいい盛りである。「われらの死をもって家臣や領民の命を救うのです。ともに参りましょう」と、静かに、だが凛として覚悟を示す。照子はみずからの手で子らを刺し、4人の子らの息が絶えたことを確認すると、その刃で胸を突いた。

辞世　もろともに消え果つるこそ嬉しけれおくれ先立つならいなる世を　　　　照子

波の夫・吉親は「最後の一兵まで戦い抜く」と半狂乱で馬を駆って刀を振るい、家臣に斬られて絶命した。長治は23歳、愛する者たちの遺骸《なきがら》を庭に降ろし、蔀戸《しとみど》をはずして覆い、火を放って葬送したのち自刃。

辞世　今はただ恨みもあらじ諸人《もろびと》の命にかはる我身と思へば　　長治

首級は安土城の信長のもとに送られた。

三木城は、１４９２(明応元)年、播磨国守護《はりまのくにしゅご》・赤松《あかまつ》氏の復権に大功を挙げた別所則治《のりはる》が釜山《かまやま》城《じょう》を大改修したのがはじまりといわれる。播磨三大城のひとつに数えられる。

本丸は標高５８２ｍの台地に築かれ、明石《あかし》の北・約20㎞、姫路《ひめじ》の東・約30㎞に位置し、高さ20ｍの断崖に囲まれ、土塁《どるい》や空堀《からぼり》が備えられた。本丸跡には天守台と呼ばれる場所があり、北寄りに長期の籠城戦を支えたであろう「かんかん井戸」跡が残る。

三木の地は京と西国《さいごく》を結ぶ交通の要衝・山陽道の入口にあり、江戸時代も参勤交代や西国との交易に重要な役割を果たした。城は江戸時代初期に一国一城令により破却、現在は本丸跡が残り、模擬城塀《じょうへい》に囲まれた上の丸公園となっている。

47 勝龍寺城《しょうりゅうじじょう》と細川ガラシャ

信仰に生き、乱世の覇権争いに翻弄された非業の愛

明智光秀《あけちみつひで》の娘・玉《たま》（玉子。洗礼名・ガラシャ）は、1578（天正6）年、勝龍寺城《しょうりゅうじじょう》（京都府長岡京市）の細川忠興《ほそかわただおき》に嫁ぐ。

織田信長《おだのぶなが》の口利きによるこの婚姻を、織田家中の誰もが羨んだ。美男・美女のほまれ高く、ともに16歳。仲睦まじく、あいついで長女・長《ちょう》、長男・忠隆《ただたか》をもうける。新婚時代を勝龍寺城で過ごし、のちに丹後《たんご》（京都府北部）田辺城《たなべじょう》に入城する。

4年後、悲劇は突然訪れた。

1582（天正10）年6月2日、光秀が本能寺《ほんのうじ》を急襲し、信長は自刃。その光秀も大山崎《おおやまざき》（京都

府乙訓郡)で羽柴《はしば》(豊臣《とよとみ》)秀吉《ひでよし》に敗れ、勝龍寺城《しょうりゅうじじょう》に退却。近江《おうみ》(滋賀県)坂本城《さかもとじょう》に逃げ帰る途中、落命してしまう。美しく、知性にあふれた玉を忠興《ただおき》も忠興の父・幽斎《ゆうさい》もこよなく愛していたが、家の存続のため、すぐさま玉を丹後の三土野《みどの》に幽閉した。

身ごもっていた玉は三土野で2男・興秋《おきあき》を出産。「お家のために」と玉に自害を勧める家臣もあったが、玉は「父への孝ではあれ、夫の命を待たずに事をなせば、妻の道に違えることになりましょう」と拒みつづけ、忠興への誠を貫こうとした。身も心も疲れきった玉は、キリシタンの教えに強く惹かれていく。

2年後、忠興は秀吉の許しを得て、玉を大坂城下の細川屋敷に迎えたが、三土野にも増して辛い暮らしが待っていた。宣教師ルイス・フロイスはいう。「越中殿《えっちゅうどの》(忠興)の妻に対する過度の嫉妬」による「極端な幽閉と監禁は、信じられぬほど厳しいものであった」と。

ある日、玉が縁先から庭師に朝の挨拶をした。庭師が玉と言葉を交わしたことを憤った忠興は彼を斬り捨て、玉の小袖で刀の血を拭った。玉は血のついている小袖を平然として3日、4日と着つづける。たまりかねた忠興が、「おまえは蛇《じゃ》か」とののしると、玉は顔色も変えず、「鬼の女房には蛇がお似合いでしょう」と返した。忠興には側室もおり、夫婦仲はすさみ、玉

14世紀前半、細川氏築城。細川藤孝が改修。1649（慶安2）年、廃城。遺構は土塁・空堀。模擬石垣・櫓が再建された。

勝龍寺城【しょうりゅうじじょう】

JR長岡京駅東口から南へ徒歩10分。阪急バスで「勝竜寺城公園前」下車。

は鬱《うつ》の病《やまい》に苦しんで離縁を願う。

１５８７（天正15）年、忠興が九州に出兵すると、玉は厳しい監視をかいくぐり、教会へと急いだ。キリスト教への疑問を矢つぎばやに問いかける玉に修道士は、「これほど明晰かつ果敢な判断ができる日本女性と会ったことはない」と感嘆し、フロイスは「実に鋭敏で繊細な頭脳の持ち主」と語っている。

玉は自宅で洗礼を受け、洗礼名・ガラシャ（神の恩寵《おんちょう》の意）を賜り、笑顔を取り戻していく。凱旋した忠興は受洗を激怒し、3男・忠利《ただとし》の乳母の鼻や耳を削ぎ落としたという。

こうしたなかで玉は、忠利に次いで2女・多《た》羅《ら》、3女・万《まん》を産む。深刻に対立しながら、なお深く愛しあう玉と忠興の愛憎の相剋《そうこく》はいかばかりであったろう。

秀吉が没し、忠興は徳川家康の指揮下に入った。1600(慶長5)年、関ヶ原の合戦を前に、豊臣方の総帥・石田三成《いしだみつなり》は諸大名の妻子に人質として大坂城に入るよう要請。人質になれば忠興の働きに差しさわる。ガラシャは要請をはねつけた。三成の兵500余が細川邸を囲む。ガラシャは幼いわが子、長男の妻、侍女を逃がしてから老臣を呼んだ。

「父・光秀の謀反のおりには幼かった嫡男・忠隆さまを、殿さま(忠興)にお返しした今、いさぎよく死につこうと思います」

こう覚悟を述べ、介錯《かいしゃく》を頼んだ。キリシタンは自害を大罪とする。

ちりぬべき時知りてこそ世の中の花も花なれ人も人なれ

辞世を詠み、イエズスとマリアの名をとなえつつ、家老・小笠原少斎《おがさわらしょうさい》の手によって38歳の生涯を閉じた。老臣たちはガラシャの死を見届けて屋敷に火を放ち、切腹して果てる。

三成は、この壮絶な抵抗に驚き、人質策をあきらめた。ガラシャの犠牲によって、忠興をはじめ徳川軍は後顧の憂いなく軍を進め、関ヶ原の戦いに勝利を収めたのである。悲報に接した忠興は号泣したと『細川実記』は記す。のち、亡き妻のために南蛮寺《なんばんじ》（教会）を建てた。合戦で忠興は三成と激闘の末、功を挙げ、家康から豊前中津《ぶぜんなかつ》藩（福岡県東部）39万9千石を拝領する。

　勝龍寺城は江戸初期に廃城になり、現在、北門や土塁の遺構を残し、本丸跡・石垣・堀は整備され、高麗門《こうらいもん》や隅櫓《すみやぐら》・板塀などを復元、美しい公園となっている。庭園の一角に建つガラシャと忠興の像は、戦国の覇権争いに翻弄された非業の愛を、今なお語るかのようである。

48

戦国時代の戦争体験や暮らしぶりを伝える『おあむ物語』

大垣城《おおがきじょう》とおあむ

大垣《おおがき》城下の散策は、水の恵みとの出会いである。水門川《すいもんがわ》は豊かに流れ、清冽に湧く自噴水に心が潤う。俳聖・松尾芭蕉《まつおばしょう》が4たび訪れた美濃路《みのじ》の宿場町。『奥の細道』の5カ月におよぶ漂泊の旅も、ここ大垣がむすびの地となった。

蛤《はまぐり》のふたみに別れ行秋ぞ

むすびの句を残し、芭蕉は舟運の川港としてにぎわう船町港《ふなまちみなと》から、舟で伊勢神宮へ向けて

1596（慶長元）年、伊藤氏が築城。1620（元和元）年、松平氏改築。優美な天守を築く。1945（昭和 20）年、国宝の艮櫓を空襲で焼失。1959（昭和 34）年、天守を再建。七間多門跡・堀・化石の見られる石垣など。

大垣城【おおがきじょう】

JR 大垣駅南口から徒歩 7 分。車の場合は名神高速道路「大垣 IC」から 15 分。

旅立つ。

船町港跡には高さ8mの住吉《すみよし》灯台が木々を分けて伸びあがり、もやい舟や丹塗《にぬ》りの橋が往時のどよめきへと誘う。杖と笠を手にした旅姿の芭蕉を思い浮かべながら北上すれば、大垣城までは10分もかからない。ここに、少女おあむの関ヶ原の戦いが伝承されている。

関ヶ原の合戦が1ヵ月後に迫った1600（慶長5）年8月、西軍を率いる石田《いしだ》三成《みつなり》は6700の兵とともに美濃《みの》大垣城に入った。合戦のとき、武士の家族も城内に集結する。

弾丸を作り、負傷者の世話をするためだ。17歳になるおあむも母とともに天守で弾丸作りに励んだ。父・山田《やまだ》去暦《きょれき》は三成の家臣で、身分の軽い文官だった。

非戦闘員の女たちの明け暮れも、まるで戦場だ。城兵が討ち取った首が天守に集められる。女たちは首を洗い、討った者の名札をつけて並べ、お歯黒を染めた。身分のある武者はお歯黒をしているので、大将首を討ち取ったように見せて褒美を得るため、首化粧《くびげしょう》を頼まれるのだ。気味悪かったが、慣れると怖いものではなくなり、おあむも「その首どもの血くさいなかで寝た」という。異常な状況下で、恐怖感は麻痺してしまうのだろう。

そんなある日、東軍からの激しい銃撃で、おあむの14歳の弟が流れ弾にあたり、目の前で死んでしまう。父・去暦《きょれき》は考えあぐね、妻と娘、家来の総勢4人で落城直前の城を脱出する。北側の塀に梯子をかけて乗り越え、吊り縄を伝って堀ぎわに降り、たらいに乗って堀を渡った。ところが5、6町（5、600m弱）ほど行くと、身重の母が急に産気づいて女の子を産み落とした。田の水で産湯《うぶゆ》をつかわせ、ぐったりした母を父が抱え、なんとか助かりたいとひた走った。軽輩《けいはい》といえども敵前逃亡の罪は重い。敵兵も押し寄せている。どれほど恐ろしかったかしれないと、おあむは回顧する。

語るにあまりある悲惨さだが、それ以上に、権力者の争いに巻きこまれながらも生き抜こうとする者の、何とたくましいことか。

　おあむは当時の生活についても貴重な証言を残している。父は300石取りだったが、食事は朝夕の2食のみ。たまに兄が山へ鉄砲撃ちに行くときは、菜飯を昼食に持たせた。

　その分け前を貰えるので、兄に鉄砲撃ちに行くようしきりに勧めた。また、17歳になっても13歳のときに作った帷子《かたびら》（ひとえの衣服）1枚しかなく、すねが出て恥ずかしいので「せめて、すねの隠れる帷子ひとつ欲しや」と思ったという。

　のちにおあむは父に連れられて土佐《とさ》に移り、結婚。夫の死後は甥の世話になって80歳過ぎまで生き、すさまじい戦争体験を子や孫にくりかえし話してきかせた。今に残る『おあむ物語』は、彼女の話を聴いた人が書き残したものである。

　戦国期、豊臣秀吉は大垣城を東国に対する「大事のかなめ」として重視した。城は豊富な水を利用した4重の堀に囲まれ、中心部に4層4階の白亜の天守がそびえていた。江戸時代には、総曲輪《そうぐるわ》（城域）は7つの門に守られ、三重櫓《さんじゅうやぐら》5基、二重櫓10基、渡櫓《わたりやぐら》26基をそなえ、外堀と内堀のあいだを武家屋敷が埋めつくすという壮麗なものとなる。

　石垣は、美濃赤坂の金生山《きんしょうざん》から切り出された石で築かれた。金生山は約2億5千万年前に赤道付近でできた海底火山が、プレートによって運ばれたものだという。天守台や東門《もん》付近の石垣に古生物のウミユリ・フズリナ・貝類などの化石が見られ、内外の研究者や愛好家の注目を集めている。

厳重な構えと美しい姿を誇った大垣城は、明治の城郭破却や第2次世界大戦で被災したが、再建や移築によって往時をしのばせる。とりわけ銀雪に映える白亜の天守は絶景といえよう。4階の窓からは、関ヶ原付近の丘の鞍部《あんぶ》が遠望できる。天下分け目の戦いを前にした石田三成も、この風景を見つめた日があったにちがいない。

49 彦根城と井伊《いい》直虎《なおとら》

お家の危機を救い生涯を男として生きた女城主

井伊直虎《いいなおとら》、またの名を次郎法師《じろうほうし》、れっきとした女人である。遠江国《とおとうみのくに》井伊谷《いいのや》(浜松市引佐町)の国人領主・井伊家の当主となり、井伊家を滅亡の危機から救った。のちに井伊氏は徳川家康《とくがわいえやす》の重臣として、近江《おうみ》(滋賀県)の彦根《ひこね》藩主となる

直虎は今川《いまがわ》氏の家臣・井伊直盛《なおもり》のひとり娘に生まれた。生年や幼名は分からない。直盛に男子がいなかったため、1542(天文11)年、直盛の従兄弟で8歳になる直親《なおちか》を婿養子に迎える予定で、幼い直虎と婚約させた。

この婚約を喜ばない男がいた。直親の父・直満《なおみつ》と仲の悪い、今川氏配下の小野道高《おのみちたか》だ。直満

の家系が井伊宗家《そうけ》を継ぐのを激しく嫌った。

1544(天文13)年、小野は、直満《なおみつ》と弟・直義《なおよし》が謀反をたくらんでいると今川義元《よしもと》に讒言《ざんげん》。兄弟は自害させられた。今川氏は、このとき9歳だった直親《なおちか》まで殺そうとした。家臣は少年を連れて信州(長野県)伊那《いな》郡に逃げる。

このことは直虎《なおとら》に不孝を招いた。逃亡生活12年を経て、直親は井伊谷《いいのや》に戻った。小野が死んで2年が過ぎ、危機が去ったことによる。しかし直親は、逃亡中に妻を迎えていたのだ。直盛は悩み、わが娘・直虎の婿にすることはあきらめ、やむなく井伊家宗家の養子に迎える。1560(永禄3)年、直盛は桶狭間《おけはざま》の戦いで討死。井伊家を継いだ直親に嫡子・万千代《まんちよ》(虎松《とらまつ》)が生まれる。

このころ直虎は20歳をいくつか越え、すでに婚期を過ぎていた。嫁ぐ日を夢見た許嫁《いいなずけ》に裏切られ、父は戦死、そのうえ、元許嫁に万千代が誕生したのである。本来なら、井伊宗家の嫡子は直虎が産むはずであった。

直虎の絶望や嘆きは深く、「尼になりたい」と、井伊家の菩提所・龍潭寺《りゅうたくじ》の住職で叔父の南渓《なんけい》和尚を訪ねる。和尚は、「井伊家のため、そなたを温存せねばならぬ」と説き、次郎法師《じろうほうし》と

天守は国宝。城跡は国指定特別史跡。遺構は太鼓門・天秤櫓など重要文化財多数。藩主庭園「玄宮楽々園」は国の名勝指定。1600（慶長5）年、井伊直政築城。明治維新まで井伊氏の居城。

彦根城【ひこねじょう】

JR彦根城から徒歩10分。車の場合は名神高速道路「彦根IC」から国道306号線を彦根方面に進み、10分。

いう男僧の名を授けた。男でなければ家督相続に困難が生じるからだ。

1562（永禄5）年、またもや今川家の抑圧が井伊家を襲う。小野道高の子・道好《みちよし》が「直親に逆心あり」と密告、今川氏真《うじざね》は小野の讒言を信じた。謀反を疑われた直親は家康を頼って無実を訴えようと、その居城・浜松城へ向かう。だが途中、氏真の重臣に襲撃され家臣19人もろとも殺害された。2歳の万千代は、直虎の伯父にあたる井伊家の重臣に匿《かくま》われた。井伊家は18年前と同じ悲劇に見舞われたのである。

まだ健在だった直虎の祖父が家督を継いだが、今川氏の手の者に毒殺された。万千代の居場所が察知され、寺院に逃げこんで出家してしまう。

こうした逆境のなかで次郎法師《じろうほうし》は直虎《なおとら》として還俗し、井伊家の当主となる。徳政《とくせい》（借金などの棒引き）令の即刻実施を求める今川氏の命令を拒むなど気骨のある政治を行うかたわら、万千代を引き取って育てていく。

1575（天正3）年、直虎は懸命の工作で、15歳になった万千代を徳川家康《とくがわいえやす》にお目見えさせる。家康は同行した直虎に井伊家の苦難をねぎらい、万千代の出仕を許し、300石を与えた。また、直親を無実の罪に陥れた者の処罰も命じた。直虎は井伊家の苦難の歳月を思い涙したという。

直虎は井伊家を取り仕切り、1582（天正10）年に他界。そのあとに万千代は22歳で元服した。彼こそ徳川家康の四天王の筆頭・「井伊の赤鬼」と恐れられた猛将・井伊直政《なおまさ》である。江戸時代、井伊家は彦根藩《ひこねはん》35万石に封じられ、5人の大老を輩出。譜代大名として最高の家柄を誇った。幕末、井伊直弼《なおすけ》は弱体化する徳川幕府を支えるべく大老に就任。尊王攘夷《そんのうじょうい》運動を弾圧する「安政《あんせい》の大獄《たいごく》」を断行し、桜田門外《さくらだもんがい》で水戸浪士に暗殺された。しかし、彼が締結した日米和親条約をきっかけに、明治維新へと歴史の歯車は大きく進展したのであった。

彦根城《ひこねじょう》は直政の子・直継《なおつぐ》が1603（慶長8）年築城に着手。西国の抑えとして家康が諸大名に助力を命じ、佐和山城《さわやまじょう》・安土城《あづちじょう》・大津城《おおつじょう》・小谷城《おだにじょう》など琵琶湖周辺の旧城の石材や建物が集められ、急ピッチで工事が進められた。1606(慶長11)年本丸天守が完成。戦禍に遭うことなく明治を迎え、廃城の危機も免れた。国宝の天守、重要文化財の西の丸三重櫓《さんじゅうやぐら》・太鼓門《たいこもん》・天秤櫓《てんびんやぐら》、国の名勝「玄宮園《げんきゅうえん》」などが琵琶湖のほとりに壮麗な姿を映し出している。

50 津城《つじょう》と藤堂高虎夫人久芳院《とうどうたかとらふじんくほういん》

小領主の娘、築城の名手の夫を支える

津城《つじょう》は三重県津市丸ノ内にあり、津市街の中心部に位置する。北の安濃川《あのかわ》、南の岩田川《いわたがわ》を天然の大外堀としている。別名・安濃津城《あのつじょう》。

戦国時代、細野《ほその》氏が小規模な安濃津城を構えた。のち、織田信包《おだのぶかね》（信長《のぶなが》の弟）が入城し城郭を拡充。石垣、堀を普請し、本丸・二の丸・三の丸を整備した。その後、豊臣《とよとみ》氏の家臣が城主になり、江戸時代の1608（慶長13）年、初代藩主・藤堂高虎《とうどうたかとら》が22万石で入城した。

徳川家康《とくがわいえやす》のもとで高虎が築いたり修築した城に、膳所城《ぜぜじょう》・丹波亀山城《たんばかめやまじょう》・丹波篠山城《たんばささやまじょう》・江戸《えど》城《じょう》・伊賀上野城《いがうえのじょう》・津城《つじょう》などがある。家康に信頼され、53歳のとき、伊勢湾の要衝・安濃津城

1571（元亀 2）年ごろから織田信包が築城開始。1609（慶長 14）年、藤堂高虎入城し拡張・整備。以後藤堂氏の居城。1874（明治 7）年、解体。1967（昭和 42）年、城跡は国指定史跡。遺構は石垣、内堀の一部。城址は、お城公園・お城西公園。

津城【つじょう】

近鉄名古屋線・津新町駅下車、徒歩 10 分。車の場合は伊勢自動車道「津 IC」から県道 42 号線を進む。

に入封、津城と改名し修築、城下町を整えた。家康没後、日光東照宮の造営に携わり、外様《とざま》大名ながら32万3千石余の藩領を得る。のち、津藩藤堂家は幕末まで続き、11代のとき明治維新を迎えた。

築城の名手・藤堂高虎《とうどうたかとら》。その名人ぶりは加藤《かとう》清正《きよまさ》と並ぶ。高虎は近江国《おうみのくに》（滋賀県）犬上《いぬかみ》郡藤堂村の土豪の子に生まれ、戦国大名・浅井長政《あざいながまさ》に仕えた。浅井氏の滅亡後は、織田・豊臣・徳川に仕えて戦国時代を駆け抜け、立身出世を遂げる。

動乱を生き抜く高虎を、陰に寄り添って支えたのは夫人の久《ひさ》（久芳院《くほういん》）であった。久は元丹後《たんご》（京都府北部）の守護で、このころ但馬国《たじまのくに》養父郡《やぶごおり》中野村《なかのむら》（兵庫県北部・養父《やぶ》市）に住んでいた一色修理大夫《いっしきしゅりだゆう》の娘に生まれた。生年は不明である。高虎《たかとら》の正室として嫁いだのは、１５８１（天正９）年といわれる。高虎は26歳だった。

高虎はこの前年の１５８０（天正８）年から、信長の重臣・羽柴《はしば》（のち豊臣《とよとみ》）秀吉《ひでよし》の弟・羽柴秀長《ひでなが》の臣として但馬侵攻に従軍。１５８１（天正９）年にかけて但馬の一揆平定に奮戦。この功で秀長は但馬一国の領主となり、３００石取だった高虎は大屋郷《おおやごう》（養父市）で３６８０石の鉄砲頭《がしら》になった。地元の資料によれば、高虎は大屋郷加保村《かほむら》の武士・栃尾祐善《とちおゆうぜん》の屋敷に寄宿。祐善の尽力で近郷の一色氏の娘・久《ひさ》と婚約が調う。祐善の媒酌により、その屋敷で祝言を挙げた。高虎が出陣のおりは、祐善が新妻・久を預かった。身を固めた高虎は、近江の藤堂村から大屋へ、家族・一族を呼び寄せたという。高虎は大屋郷の有力者・祐善の後見のもと、地元の娘を妻に迎えたことで小領主として受け入れられ、出世の第一歩を踏み出したのである。久は戦場を駆ける高虎の留守を守り、舅・姑に仕え、近江からやってきた家臣の家族の世話にあたった。

１５８５（天正13）年、高虎は、秀吉の下命で、紀州征伐に従軍、戦のあと、紀伊国粉河《きいのくにこかわ》（和歌山県紀の川市）に５０００石を与えられ普請奉行《ふしんぶぎょう》に任命され、築城を手掛けるようになる。久はこのときまで大屋郷に住んでいたようだが、高虎に従って粉河に移った。やがて高虎は伊予宇和島《いようわじま》７

万石の大名になり、関ヶ原の戦いで家康軍に加勢し今治《いまばり》20万石を経て伊勢《いせ》・伊賀《いが》に封じられる。

夫妻はなかなか子に恵まれず、養子を貰い受けた。だが、関ヶ原の戦いの翌年、高虎46歳でようやく嫡子・高次《たかつぐ》を授かる。あいついで2男・高重《たかしげ》、長女(高松院)も誕生、家中はよろこびに沸く。1608(慶長13)年、高虎は伊勢・伊賀を与えられ、翌年、安濃津城《あのつじょう》(津城)に入城。もちろん久も従った。津城と城下町の整備に奮闘する夫とともにここに暮らし、7年後の1615(元和元)年、夫に先立って世を去った。法名を久芳院《くほういん》と号し、四天王寺《してんのうじ》(津市栄町)に葬られた。高虎は15年後、75歳で没する。

四天王寺に伝わる画像の久芳院は、三重県国宝調査書によれば、「豊顔、眉目秀麗にて貞淑温雅の相あり」とある。衣装の色彩もよく残り、葡萄・柳・桜・藤などが華やかに描かれ、当時の服装の資料的価値も高いという。残念ながら、その人柄を知る生の声は伝わっていない。だが、戦場を駆け、槍働きひと筋で出世を勝ち取る高虎のかたわらに、いつも、温厚で美しい久がいた。

明治期、津城の建物は解体されたが、現在、城跡の公園に隅櫓《すみやぐら》が復元され、本丸・西の丸・石垣・広大だった内堀の一部が残っており、往時の面影を伝えている。

51 掛川城《かけがわじょう》と千代

機知で夫・一豊を支え、山内家を大名にした賢妻の鑑

掛川城《かけがわじょう》（静岡県）は、室町時代の中期、守護大名・今川《いまがわ》氏が重臣に命じて築城。遠江国《とおとうみのくに》（静岡県西部）の中央に位置し、東海道の要所であるため、今川氏・武田《たけだ》氏・徳川《とくがわ》氏など戦国武将による争奪戦の舞台となった。

1590（天正18）年、豊臣秀吉《とよとみひでよし》は全国を統一、掛川城を領有していた徳川家康《いえやす》を関東に移封《いほう》、秀吉の直臣・山内一豊《やまうちかつとよ》が5万1千石（のち5万9千石）で入城した。一豊は掛川城の大幅な拡張を行い、曲輪《くるわ》を拡大し、石垣を構築、瓦葺《かわらぶき》の天守や御殿を築くなど、近世城郭としての体裁を整え、城下町を整備した。

15 世紀半ば、朝比奈氏が築城。山内一豊が改修。1871（明治 4）年、廃城。遺構は二の丸御殿・太鼓櫓・石垣・土塁・堀。二の丸御殿は国指定重要文化財。天守と門は再興。

掛川城【かけがわじょう】

JR 掛川駅下車、徒歩 5 分。車の場合は東名高速道路「掛川 IC」から県道 38 号線、37 号線を進む。

若き日、戦で家族を失い流浪していた一豊は、槍働き一筋で立身出世を果たした。一豊の出世は妻・千代《ちよ》の助力なくしては語れない。千代は大局を見極める才、勇気と機知を発揮して、夫とともに戦乱の世を力強く歩んでいった。

新婚時代、夫妻の暮らしは貧しかった。一豊は400石取りになったものの、合戦に備えて家来をひとりでも多く雇い、武具を揃えなければならない。千代は懸命に家計をやりくりした。

枡《ます》を裏返して俎板《まないた》代わりにし、豊かな髪を切って売り、客の接待費にあてた。小袖《こそで》の新調も難しく端切《はぎ》れを寄せ集めて仕立てたが、できばえが大変美しく、女房仲間の評判になった。なかでも名馬を買うために私財を投じたエピソードは「賢妻《けんさい》の鑑《かがみ》」としてよく語られる。

一豊《かつとよ》が織田信長《おだのぶなが》に仕えて間もない1576（天正4）年ごろ、安土《あづち》城下に東国から馬を売りに来た。見るからに名馬である。千代《ちよ》は嫁ぐときに養父母から貰って大事にしまっておいた黄金10枚を夫に渡し、馬を買わせた。信長の馬揃《うまぞろ》えのとき、その名馬が信長の眼にとまる。一豊は信長から「暮らしは貧しいと聞くが見上げた武士の心がけ」と褒められ、出世していったという。

当時、武士の娘が嫁ぐとき、化粧料として田畑や黄金、銭貨を持参した。使い道は女性の一存次第だ。婚姻中も、離縁しても女性のものであり、経済的な自立の支えとなった。妻独自の財産所有は明治の民法ができるまで認められていた。

千代にはもうひとつ、「笠《かさ》の緒《お》の文《ふみ》」の逸話がある。1600（慶長5）年、関ヶ原の戦いで一豊は徳川家康方についた。掛川領主の一豊は50代なかば、千代は40代である。大坂方の総帥・石田三成《いしだみつなり》は、家康に与《くみ》した武将を家康から離反させるため、妻女たちを人質として大坂城に入れようとした。人質になることを拒否した細川ガラシャは、夫・忠興《ただおき》の働きを助けるため屋敷に火を放って自害している。

千代も自害を覚悟し、手はずをととのえた。この緊迫した状況のもと、三成方から夫に宛てられた「大坂方に味方するように」という勧誘状と、大坂方の情報を伝える密書を、下野国《しもつけのくに》(栃木県)の陣所にいた一豊に送る。密書とは別に、千代の真意をしたためた文を網笠の緒に編みこんで使者に託し、「密書は封を切らずに家康に渡すように」と助言した。

一豊は千代の指示どおり封を切らずに家康に届ける。敵方の情報を手に入れた家康は、千代の才知を称賛。妻の勇気に後押しされた一豊は軍議で、掛川城を家康軍に差し出すと表明。東海道筋の諸大名もこれにならう。これにより家康は関ヶ原への移動ルートを確保できた。夫婦はともに命がけで家康にいつわりのない真心を示し、山内家の安泰を図ったのであった。この功績で、戦後、一豊には土佐《とさ》(高知県)22万2千石の大藩が与えられ、初代藩主として高知城に移る。

土佐は旧領主・長宗我部《ちょうそかべ》氏の遺臣の抵抗が強く、武力鎮圧を余儀なくされる苦難のなかで、入国の5年後に一豊は他界、千代は髪をおろす。

千代は夫とのあいだに女児をひとり授かったが、近江《おうみ》(滋賀県)長浜《ながはま》城主時代の1585(天正13)年、地震で亡くしていたため、2代藩主は一豊の甥が継ぐ。一豊の一周忌を済ませると千代は京に移り住み、1617(元和3)年、61歳で生を終えた。

掛川城は江戸末期に安政東海地震《あんせいとうかい》（1854（嘉永7）年）で天守や御殿の大半が倒壊、その後、天守は再建されなかった。現在は天守が木造で再建され、一部の建物、塀の復元がなり、堀・土塁など、城跡の修復が進んでいる。

52 今川家の政務を補佐した「女戦国大名」

駿府城《すんぷじょう》〈今川館《いまがわやかた》〉と寿桂尼《じゅけいに》

徳川家康《とくがわいえやす》にとって忘れがたい地・駿府城《すんぷじょう》。今川《いまがわ》氏の人質として苦難の少年時代を駿府で過ごし、やがて駿河《するが》・遠江《とおとうみ》・三河《みかわ》・甲斐《かい》・信濃《しなの》の5ヵ国の領主となって築城。わが子・秀忠《ひでただ》に将軍職を譲ると江戸城から隠居して、駿府城で「大御所《おおごしょ》政治」を敷き、この城で生涯を閉じた。

その後は幕府領となり、城代が置かれた。中堀・外堀と、その石垣が現存し、近年、巽櫓《たつみやぐら》と二の丸東御門《ひがしごもん》が復元された。

寿桂尼《じゅけいに》が今川家の夫人として活躍したのは、家康が江戸に幕府を開く80年ほど前のことである。夫、息子2代、孫と、4代にわたって今川家の政務を補佐し、「女戦国大名《おんなせんごくだいみょう》」と称された。

戦国時代、女性が領国政治に携わったまれな例である。

寿桂尼《じゅけいに》は公家・中御門《なかみかど》家の姫として京に生まれ、1505（永正2）年、駿河国（静岡県の大井川左岸側）の戦国大名・今川氏親《うじちか》に嫁いだ。今川氏は足利《あしかが》氏の支流吉良《きら》氏から興《おこ》ったので、京の足利幕府との結びつきは強い。

氏親の母は幕府の政所執事《まんどころしつじ》を務めていた伊勢貞親《いせさだちか》の姪で伊勢宗瑞《いせそうずい》（北条早雲《ほうじょうそううん》）の妹にあたる北川殿《きたがわどの》である。氏親の姉は公家の正親町三条《おおぎまちさんじょう》家に嫁いでいた。一方、公家の側からすれば、裕福な地方大名との婚姻は、経済的な恩恵を手にすることができるという利点があった。

寿桂尼の実名や生年、嫁いだ年齢は不明だが、嫁して3男1女を授かる。氏親は永正年間（1504～21）、武蔵で上杉顕定《うえすぎあきさだ》と戦い、東尾張《ひがしおわり》では斯波《しば》氏と抗争、甲斐国勝山《かいのくにかつやま》（都留市）にまで侵攻し、戦国大名として勢力を拡げていった。それ以降、遠征は止む。中風で寝たきりになったからであった。

それから10年、寿桂尼は夫を助け、内政の相談にあずかる。ともに分国法《ぶんこくほう》「今川仮名目録《いまがわかなもくろく》」を完成させた直後、1526（大永6）年、氏親が亡くなった。跡を継いだ長男・氏輝《うじてる》は、まだ14歳。寿桂尼は後見役を務め、6年間ほど、領内に安堵《あんど》状・諸役《しょやく》免許・寄進状などの指示や命

今川館跡に1589（天正17）年、徳川家康が築城。のち死去までの10年間、駿府城で「大御所政治」を敷く。遺構は中堀・外堀・その石垣。平成になり巽櫓・二の丸東御門を復元。

駿府城【すんぷじょう】

JR静岡駅下車、徒歩10分。または静岡鉄道・新静岡駅下車、徒歩3分。車の場合は東名高速道路「静岡IC」から市内へ。

令書を発布した。戦国大名の夫人が領国経営や文書を発給した例はまれで、「女戦国大名」「駿府の尼御台《あまみだい》」などと称されたのは、こうして政治に携わったことによる。

氏輝は家督を相続して10年後、24歳で急死する。小田原に北条氏綱《うじつな》を訪問して帰った直後のことだ。しかも同日、2男も亡くなった。2男は、氏輝の万一を考えて、寿桂尼が出家させなかった息子だ。ふたりの死去には何らかの陰謀が疑われるのだが、真相は不明である。

氏輝に子はなかった。側室の子らや家臣が絡み、国内を二分する家督争いが起きる。この危機に寿桂尼の判断は早かった。重臣・庵原《いはら》氏出身の僧・雪斎《せっさい》と図って、出家していた18歳の3

男梅岳承芳《せんがくじょうほう》（幼名方菊丸《ほうぎくまる》）を還俗《げんぞく》させ、義元《よしもと》を名乗らせ、2ヵ月足らずのうちに京の足利幕府から家督相続の承認を得る。しかし城下や領内で戦乱が勃発。今川館《いまがわやかた》は包囲され、城下で激しい戦闘が繰り広げられた。当時の今川館は多くの殿舎が建ちならび、堀や土塁で囲まれ、城下には重臣や官人の屋敷と商家が林立していたという。

寿桂尼は今川館を守り通し、義元の相続が確定した。義元は領国を拡大、安定させ、「海道《かいどう》一《いち》の弓取《ゆみと》り」と称され、駿府は空前の繁栄を誇る。寿桂尼に平穏な日々が訪れた。小田原北条氏に嫁いだ娘の子で駿府城に人質になっている孫の氏規《うじのり》を溺愛し、湯治に出かけたりしている。

運命は激しく暗転する。1560（永禄3）年、42歳の義元は桶狭間《おけはざま》の戦いで織田信長《おだのぶなが》に敗れて落命。義元の子で22歳の氏真《うじざね》が家督を継ぐが、力量に欠けた。老齢の寿桂尼は懸命に文書を発給して孫を支え、1568（永禄11）年、「墓を駿府今川館の艮《うしとら》に建てよ」と遺言して没する。80歳近かったと思われる。「艮」は鬼門《きもん》を指す。死しても今川家を守り抜こうとしたのである。

寿桂尼が没して8ヵ月後、武田信玄が攻め寄せる。氏親は慌てて逃げる途中、家伝の文書を落としてしまったという。今川氏は敗れて滅亡した。炎上する今川館や城下を寿桂尼は見ずに済んだ。焼き払われた今川館の跡に、1586（天正14）年、徳川家康が駿府城を完成させた。

第七章

東日本の姫

53 上田城と小松殿《こまつどの》

豪胆さと心配りで真田家経営の力強い伴走者に

尼ヶ淵《あまがふち》という千曲川《ちくまがわ》の激流を天然の要害とした上田城《うえだじょう》（長野県上田市）。真田《さなだ》の里（上田市郊外）に発した小豪族・真田一族は戦国の豪勇に成長し、本拠の上田城は激闘の舞台となる。徳川軍を2度にわたって撃退し「不屈の名城」とうたわれた。関ヶ原の合戦後、松代《まつしろ》（長野県長野市）10万石の大名として明治維新を迎え、家名を守り抜いた。

徳川家康《とくがわいえやす》は真田氏に上田の地を安堵したが、溜飲を下げるように城を破却。苦渋を忍んだ上田藩祖・真田信之《のぶゆき》（信幸）を力強く支えた一輪の花があった。小松殿《こまつどの》（小松姫）である。家康の四天王のひとり、本多平八郎忠勝《ほんだへいはちろうただかつ》の長女に生まれ、1586（天正14）年ごろ、家康（または徳川秀忠《ひでただ》）の

徳川家康を2度も撃退した真田氏の堅城。1583（天正11）年、真田昌幸が築城。関ヶ原の合戦後破却。1622（元和8）年、真田氏は松代移封。遺構は仙石氏が復興した櫓・石垣。東虎口櫓門復興。城址は国指定史跡。

上田城【うえだじょう】

長野新幹線・しなの鉄道・上田交通・上田駅より徒歩10分。車の場合は上信越自動車道「上田菅平IC」より10分。

養女として、真田昌幸《まさゆき》の嫡男で上州（群馬県）沼田《ぬまた》城主の信之に嫁いだ。信之21歳、小松殿14歳、ふたりは仲むつまじく、あいついで2男2女を儲けた。この年、家康は秀吉の妹・旭姫《あさひひめ》を正室に迎え、秀吉《ひでよし》に臣従。その家康に、秀吉は昌幸・信之を従わせた。臣従の証として秀吉が信之と小松殿を縁組させたとされる。一方、昌幸の2男・幸村《ゆきむら》は、秀吉の寵臣・大谷吉継《おおたによしつぐ》の娘を娶った。

1600（慶長5）年、関ヶ原の戦いで、昌幸は下野国犬伏《しもつけのくにいぬぶし》（栃木県佐野市）の秀忠の軍にあった。そこへ石田三成《いしだみつなり》派から、豊臣秀頼《ひでより》方で挙兵するようにとの密書が届く。昌幸は信之・幸村と密議し、昌幸・幸村は豊臣方（西軍）、信之は徳川方（東軍）に袂《たもと》を分かつ。「犬伏《いぬぶし》の別れ」といわれる。信之《のぶゆき》の妻が家康の養女で、幸村《ゆきむら》の妻が吉継《よしつぐ》の娘だといった理由よりも、勝った方が真田の名を残すという、戦に揉まれ続けた小豪族の大きな賭けだった。

昌幸《まさゆき》・幸村は闇にまぎれて秀忠陣を離脱、居城の上田城に向かう。途中、信之の沼田城に立ち寄ったが、城門は固く閉ざされている。昌幸が「久しぶりに孫たちに会いたい」と声をかけると、城門の上に長刀《なぎなた》を手に緋縅《ひおどし》の鎧《よろい》で身を固めた小松殿が現れ、「父君・弟御さまといえども今は敵。城主の留守に城内にお通しできません」と入城を許さない。だが小松殿は近くの寺に一行を案内し、心づくしの酒肴であたたかくもてなし、子どもたちを昌幸に会わせた。昌幸は「さすが本多の娘よ。これで真田の血脈は安泰だ」と真田存続の深謀を口にし、いきりたつ幸村を制したと伝えられる。

秀忠軍は上田城の昌幸・幸村に痛めつけられ、関ヶ原の合戦に間にあわず、家康の怒りを買う。しかし家康方が勝利し、信之は沼田と上田の領地を安堵されるが、昌幸・幸村は捕えられた。信之は徳川家への忠誠を誓って命懸けで父と弟の助命を嘆願。小松殿も実父・忠勝を通じて家康に働きかけた結果、死一等を減じられ、高野山《こうやさん》への流罪が決まる。小松殿は配流地にしばしば便りを送ってふたりを慰め、金子《きんす》や信濃《しなの》の名産品などを届けて暮らしを支えた。

1614(慶長19)年大坂冬の陣、翌年の夏の陣で、高野山を脱した幸村が大坂方に加わり、真田氏はふたたび東西に分かれて戦う。病で出陣できない信之の苦境を察した小松殿は、実家に手をまわし、幕府老中の許可を得て長男・2男を出陣させた。夏の陣で豊臣《とよとみ》氏は滅び、「日《ひの》本一《もといち》の兵《つわもの》」と称された幸村は壮絶な最期を遂げる。

北国《ほっこく》街道は上田城下を通過する。幕府への献上品が通るとき、小松殿は「わらわは家康さまの養女。将軍家にお渡しする品なら、ここで頂戴しても差し支えありますまい」と好きなものを押収し、懐紙に墨で手形を捺《お》して、「この手が確かにいただきました」と書き添え、将軍・秀忠に届けさせたという。

おおらかで気取りなく豪胆、しかも心配りの行き届く小松殿の役割は、苦境に耐えて家名を守る信之や息子たちにとって、「内助」のひと言では片づけられない。縁故を活用し、将軍家もはばからずに打開策を打ち出していく、真田家経営の力強い伴走者であった。

1619(元和5)年ごろから小松殿は病気がちになり、翌年、江戸から草津(群馬県草津町)へ療養に向かう途中、武蔵国鴻巣《むさしのくにこうのす》(埼玉県鴻巣市)で没した。48歳だった。信之は「わが家の灯が消えた」と嘆いたという。墓所は鴻巣・勝願寺《しょうがんじ》、上田・芳泉寺《ほうせんじ》、沼田・正覚寺《しょうかくじ》にある。

小松殿が逝って2年後、信之は松代に転封《てんぽう》となり真田氏の本拠地・上田城を去る。仙石氏《せんごく》が上田に入封し城の修復に着手、1641（寛永18）年に完成した。このときに建造された南櫓《みなみやぐら》や石垣が今に残る。明治になって建物は失われたが、民間に払い下げられた2基の櫓が1987（昭和62）年に再移築され、1994（平成6）年本丸東虎口櫓門《ひがしこぐちやぐらもん》を復元。本丸東側は江戸時代と変わらない姿を取り戻した。真田ファン、城郭ファンを魅了する上田城跡公園は、桜と紅葉の季節がとりわけ美しい。

54

精神力と叡智で前田家の危機を救った良妻賢母の鑑

越前府中城《えちぜんふちゅうじょう》とまつ

戦国の「良妻賢母」の第一は、前田利家《まえだとしいえ》の正室・まつ（芳春院《ほうしゅんいん》）であるといっていい。強靭《きょうじん》な精神力と叡智《えいち》で前田家の危機を救い、加賀《かが》百万石の草創に道をひらいた。

織田信長《おだのぶなが》の家臣で柴田勝家《しばたかついえ》配下の利家が、初めて城持ち大名として居城したのが越前府中城《えちぜんふちゅうじょう》（福井県越前市）である。１５７５（天正３）年、越前の一向一揆を平定した信長は、北庄城《きたのしょうじょう》（福井市）に柴田勝家を、府中に利家を配し、府中城が築かれた。現在は「新府城址《しんぷじょうし》」の石碑だけを残し、城門は市内の正覚寺《しょうかくじ》山門として移築されている。

まつは１５４７（天文16）年、尾張国海東郡沖之島《おわりのくにかいとうぐんおきのしま》（愛知県あま市七宝町）に生まれた。父は信長の家臣・篠原主計《しのはらかずえ》（一計）。まつの母と利家《としいえ》の母は姉妹だった。4歳で父が没し、前田家で利家の父・利昌《としまさ》（利春《としはる》）に養育され、12歳のとき21歳の従兄妹・利家と結婚した。

まつと利家の運命を決定づけたのは、木下藤吉郎《きのしたとうきちろう》（豊臣秀吉《とよとみひでよし》）・おね夫妻との親交だった。まつとおねは幼いころから姉妹のように仲がよかった。結婚のときは互いが仲人を務めあい、清洲《きよす》城下の長屋では隣同士だった。天下取りへとまっしぐらに進む秀吉の盟友として、利家は出世していく。その陰には、常に、おねに寄り添うまつの姿があった。

まつは子宝に恵まれ、嫡子・利勝《としかつ》（利長《としなが》）など11人の子女をもうけている。4女・豪《ごう》は2歳でおね夫妻の養子になり、「太閤《たいこう》秘蔵の子」と秀吉に溺愛され、秀吉子飼いの猛将・宇喜多秀家《うきたひでいえ》に嫁いだ。

まつと利家は性格的な相性もよかった。利家は異様な服装や行動で自由な精神を発露する「かぶき者」だった。まつも独創的な感性を持ちあわせていた。手製の陣羽織《じんばおり》（前田徳育会収蔵・国重要文化財）は「鍾馗《しょうき》」の図柄を刺繍した奇抜な一品だ。黄橙色の地に巨眼で髭もじゃの鍾馗が刀を手に足を踏まえている。妻との精神の呼応は、戦場を駆ける利家をどれほど奮い立たせたことだろう。

1575（天正 3）年、織田信長が前田利家に築かせた。通称越府城・藤垣城。居館が主体。現在の武生市役所とその周辺が城跡。市役所前に城址碑がある。

越前府中城【えちぜんふちゅうじょう】

JR 北陸本線武生駅下車、徒歩で近い。車の場合は北陸自動車道「武生 IC」から国道 2 号線に進む。

本能寺《ほんのうじ》の変《へん》で信長が非業の死を遂げると、秀吉と勝家が対立。賤ヶ岳《しずがたけ》の戦いで利家は旧恩ある勝家についたが、兵を動かさず、嫡子・利勝の居城・越前府中城に引きあげてしまう。秀吉は勝家を越前北庄城に追っていく途中、府中城に立ち寄った。台所に直行し、まつを見つけると、「又左衛門《またざえもん》（利家）に勝たせてもらった」と手をあわせ、主従の固めの盃を交わし、冷や飯を所望した。「利勝を府中城に置き、戦巧者《いくさこうしゃ》の利家を同道したい」と望む。しかしまつは利勝を急《せ》かせて供を命じ、秀吉に人質として差し出し、煮え切らない利家を後押しし、父子の出陣となった。まつの理解を得れば利家は必ず味方すると、秀吉は知り抜いていたのである。利家は賤ヶ岳《しずがだけ》の合戦に功を挙げ、続いて加賀を掃討《そうとう》、加賀・能登《のと》2郡を与えられ、金沢城《かなざわじょう》を居城とした。加賀百万石へのきっかけを築いたのである。まつ37歳、利家46歳であった。

1598(慶長3)年、秀吉が催した「醍醐《だいご》の花見」では、おねの輿に秀吉の愛妾が続き、妻妾以外ではまつがただひとり加えられた。愛妾の淀殿《よどどの》と松の丸殿《まつのまるどの》が盃の順を争ったとき、まつは「年寄りに免じて、盃をこのわたしに」と仲裁し、おねとともに諍《いさか》いを収める。豊臣家の奥向きを仕切って手を取りあう、おねとまつの姿が見てとれる。

利家の没後、天下を取った徳川家康《とくがわいえやす》は利勝に謀反《むほん》の濡れ衣《ぬぎぬ》を着せ、1万騎の軍を差し向ける。まつは「利勝では家康に勝てない」と、人質として江戸に下り、危機を救う。人質生活は15年におよんだ。

すくしこしむそじあまりの春の夢さめてののちはあらしふくなり

(過ごして来た60年あまりの夢が覚めてみれば、嵐のただなかであった)

苦しい心情のおもいやられる還暦《かんれき》の詠《えい》である。

68歳で解放され帰国したまつは、京・東山の高台寺《こうだいじ》におねを訪ね、「おさなともだち」との再会を果たす。戦国時代の収束へと知恵のかぎりを尽くしたふたりの女は、老いの身で何を語りあったのだろう。金沢に帰ってほどなく、まつは生涯を閉じた。前田家では代々、まつの遺品を大切に伝え、その勇気と闊達《かったつ》な知略を教訓にしたという。

55 老女武者、英知で由良家を守り抜く

金《かな》山《やま》城《じょう》と由《ゆ》良《ら》輝《てる》子《こ》【妙《みょう》印《いん》尼《に》】

金山城《かなやまじょう》は群馬県太田市のほぼ中央、標高235・8mの独立峰の頂上に築かれている。山頂の本丸跡には新田《にった》神社が鎮座し、城跡の随所から木の間越しに関東平野を一望できる。西側は一段低くなっていて「月の池」「日の池」などの遺構を残す。南西には二の丸跡、三の丸跡と呼ばれる曲輪《くるわ》跡があり、尾根には深くえぐられた堀切の遺構がある。壮大な石垣が復元され、戦の砦であった往時をしのばせる。

金山城は15世紀半ば、新田氏（河内源氏《かわちげんじ》源《みなもとの》義家《よしいえ》の子孫・足利《あしかが》氏と同族）の岩松《いわまつ》氏が築城。1528（享禄元）年、新田氏嫡流と称して岩松氏への下剋上を果たした由良成繁《ゆらなりしげ》が入城。成繁、ついで嫡

関東7名城のひとつ。1469（文明元）年、岩松氏が築城。1528（享禄元）年、由良氏が奪取。のち北条氏が支配。1590（天正18）年、豊臣秀吉により落城・廃城。大手虎口石垣・月の池・日の池を復元。調査・修復が進む。遺構は石垣・曲輪跡・竪堀跡など。

金山城【かなやまじょう】

東武伊勢崎線・太田駅下車、徒歩60分。車の場合は北関東自動車道「伊勢崎IC」より30分。

子・国繁《くにしげ》が治める。のち城主は北条《ほうじょう》氏へと変遷する。由良成繁の時代、上杉謙信《けんしん》の2度にわたる攻撃をかわした金山城は、不落の名城として知られる。石垣を持つ山城は、中世の関東にはめずらしい。1590（天正18）年、豊臣秀吉《とよとみひでよし》の小田原征伐のとき攻撃されて落城、のち廃城となった。

成繁の正室・輝子《てるこ》は館林《たてばやし》（群馬県館林市）城主・赤井《あかい》重秀《しげひで》の娘に生まれ、嫁いで嫡子・国繁《くにしげ》、2男・顕長《あきなが》、3男・繁詮《しげのり》、武蔵忍《おし》城主・成田《なりた》氏長《うじなが》に嫁いだ娘など、3男2女をもうけた。1578（天正6）年に成繁が没すると落髪して妙印《みょういん》尼《に》と名のり、成繁の隠居所・桐生《きりゅう》城にそのまま住んだ。6年後、金山城に北条氏が攻め寄せる。35歳の国繁、弟の顕長《あきなが》は、敵対していた北条氏から「和睦しよう」と持ちかけられ、甘言に誘われて捕われてしまう。武勇にはすぐれていたが、人心を読む洞察力には欠けていたのだろう。

読経三昧《どきょうざんまい》の日々を送っていた妙印尼《みょういんに》は「なんとふがいない息子らか」と彼らの愚かさを嘆き、家名を守ることを決意。墨染《すみぞめ》の衣《ころも》に甲冑《かっちゅう》を着け、城主不在で統制の乱れた金山城に入城、右往左往している家臣を叱咤し、指揮権を掌握。71歳の身で戦の先頭に立ったのである。鎧をまとい、長刀《なぎなた》を手に3000の兵で防備を固める一方、常陸《ひたち》や下野《しもつけ》の反北条の大名とも連絡をとりあう。

ほどなく北条氏照《うじてる》の軍勢が城を囲んだ。息子たちの命と引き換えに、金山城ほか由良《ゆら》氏の諸城の明け渡しを迫る。妙印尼は山城を馬でめぐり、兵士たちをねぎらい励ます。兵の士気は上がった。攻めあぐねた北条軍は磔柱《はりつけばしら》を押し立て、「息子らを磔《はりつけ》にする」と叫ぶ。もちろん妙印尼は、わが子がかわいい。しかし、ここからが戦の駆け引きだ。妙印尼は「あの者たちを撃て」と家臣に命じ、大筒《おおづつ》(大砲)3発が放たれた。すかさず兵を出し、敵を打ち負かしたところで和睦に臨んだ。

息子たちと引き換えに、金山城を北条氏に渡す。子らの命は救ったが、城を奪われるという大きな犠牲を払ったのである。金山城は北条氏が直轄し、由良家は桐生城に退くが、家名は存続し、こののちも上州《じょうしゅう》（群馬県）に強い力を保ち続けたのである。

さらに6年後の1590（天正18）年、天下統一を目指す豊臣秀吉が北条氏を討とうと小田原（神奈川県）に迫る。息子2人は北条氏の配下として小田原城に籠城していた。だが妙印尼は北条氏に見切りをつける。秀吉勢の北陸部隊が碓井峠《うすいとうげ》から上州に入ったと知ると、国繁の嫡子で10歳の貞繁《さだしげ》を擁し、みずから500の兵を率いて松井田《まついだ》城攻めに加わり、秀吉勢勝利の一助となる。このとき妙印尼は77歳。大将の前田利家《としいえ》は妙印尼の決断・武勇を「あっぱれ」と称賛。利家からこの活躍を聞いた秀吉は、妙印尼に「おほめの書状」を送った。

妙印尼の武功により、小田原城に籠城して秀吉にあらがった息子らは、死一等を減じ助命された。秀吉は北条氏を滅ぼすと関東の地を徳川家康《とくがわいえやす》に与えたため、由良氏の桐生城と足利城は召し上げになるが、常陸国牛久《ひたちのくにうしく》（茨城県牛久市）に5000石の所領が与えられた。

妙印尼は牛久に得月院《とくげついん》という寺を建立し、晩年を送る。英知と若々しい体力を備えた妙印尼は、武勇と子らへの愛で由良家を守り抜き、81歳で没した。

56 「女ほど悔しきものはない」と乱世を乗り切った覚悟の愛

黒川城《くろかわじょう》〈会津若松城《あいづわかまつじょう》〉と愛姫《めごひめ》

伊達政宗《だてまさむね》の正室・愛姫《めごひめ》は、夫の築いた壮麗な仙台城《せんだいじょう》に住むことはなかった。政宗が黒川城《くろかわじょう》(のちの若松城・福島県会津若松市)を本拠地としていたとき、22歳で京へ発ち、86歳で江戸で没するまで、豊臣《とよとみ》と徳川《とくがわ》の人質としての生涯を送ったのである。

愛姫は三春《みはる》城(福島県田村郡三春町)城主で武勇の将・田村清顕《きよあき》のひとり娘に生まれた。田村氏は田村郡全域を支配していた豪族で、征夷大将軍・坂上田村麻呂《さかのうえのたむらまろ》の子孫ともいう。三春には、こんな伝説がある。795(延暦14)年、田村麻呂が大多鬼山《おおたきやま》に住む賊を退治するため、この地に立ち寄った。すると、春の遅い里に梅・桃・桜が一斉に咲き誇っていた。これにより「三春」

の地名になったと伝えられる。

愛姫が生まれたころまで威勢を誇っていた田村氏は、やがて衰退への途をたどる。そのため愛姫に婿養子を迎える道はとらず、伊達氏の勢力を頼ろうと、1579(天正7)年、愛姫を米沢城の政宗に嫁がせる。愛姫の産む最初の男児は伊達家を継ぐが、2男には田村家を継がせると盟約した。婚礼のとき田村家家臣は、「水晶の玉のような子を持ちて」という祝福の言葉を添えて水晶の数珠と姫の輿を渡し、伊達家家臣は「末《すえ》繁盛と祈るこの数珠」と答えて輿を受け取ったという。田村家を救う珠玉に等しい姫は、このとき12歳、政宗は13歳だった。愛姫は「姿かたちはしとやかで美しく、立ち居振る舞いがしとやかで雅《みやび》」だったという。

1590(天正18)年、政宗は実母や弟と対立、母による政宗毒殺未遂事件が起きる。田村家の者が内通したと疑った政宗は、愛姫の乳母や侍女を斬殺。いっとき夫婦仲がこじれた。政宗は敵対する者には非情な作戦で挑み、天下を握った秀吉の指令にも平然と背くなど冷徹・傲岸《ごうがん》な面があったが、一方で詩歌に優れる文人でもあった。愛姫もまた和歌や書に秀でていた。そんなふたりは愛し尊敬しあう仲を取り戻していく。

この年、小田原(神奈川県)北条《ほうじょう》氏を滅ぼした豊臣秀吉は田村家をも潰し、奥州を制するため黒川城に入る。愛姫《めご》と対面し、「都で大国の夫人にふさわしい教養をつむがいい」と上洛を促す。政宗を牽制するための人質であった。愛姫は京・聚楽第《じゅらくだい》の伊達屋敷に住み、のち伏見《ふしみ》・大坂に移る。

あるとき政宗が謀反を疑われた。23歳の愛姫は政宗に、「ご意思を貫いてください。わたしの身を案じないでください。わたしはいつも匕首《あいくち》を懐に抱いています」と、覚悟の文を送る。やがて徳川家康が天下を取ると、またもや人質として江戸へ向かう。

愛姫は嫁いで17年目、35歳でようやく子を授かる。京で五郎八姫《いろはひめ》と忠宗《ただむね》(のちの仙台藩2代藩主)を、江戸屋敷で宗綱《むねつな》と竹松丸《たけまつまる》を産むが、宗綱と竹松丸は早世してしまう。

ある日のこと、愛姫は「鮮やかな色をした花の枝振り」の夢を見る。ほどなく、忠宗の側室が懐妊、宗良《むねよし》が誕生する。愛姫は、この子に田村家の再興を託すのである。

政宗は70歳を迎えて江戸屋敷で死の床につくが、ひと目会いたいという愛姫の願いを拒む。「恩愛深い夫婦の仲だからこそ」と、病み衰えた姿を見せようとはしなかった。

愛姫は「女ほど口惜しきものはない」と嘆きつつ、「ごもっともなお返事」と納得。同じ屋敷に居ながら、ふたたび逢うことなく政宗は息を引き取った。凛とした戦国の夫婦の気概、深い愛を貫く姿がうかがわれる。

曇りなき心の月を先立てて浮世の闇を照らしてぞ行く　政宗辞世

二世までちぎる心はまことにて今は生死をへだつものかは　愛姫

若い日の愛姫が住んだ黒川城は、のちの領主・蒲生《がもう》氏郷《うじさと》により若松城《わかまつじょう》（鶴ヶ城《つるがじょう》）と名を改めた。大坂城にならい黒い7層の天守（江戸期、地震ののち白亜5層に）を築き、石垣・堀をめぐらし、城下町が整えられた。

時は移り、幕末維新の動乱の最終局面で、若松城は新政府軍の猛攻を1ヵ月にわたってしのぎ、落城する。会津武士の奮戦、白虎隊《びゃっこたい》の悲劇は、時を経てなお伝えられる。奥羽の名城・若松城は味わいのある石垣を訪ねるだけでも見応えがある。江戸初期に築かれた天守は幕末の砲撃で破損したが、見事に再建し会津の空に映えて輝く。近年、創建時の赤瓦に衣がえをした。

57 仙台城と義姫《よしひめ》

大名間の駆け引きのはざまで意志を貫いた75年の生涯

伊達政宗《だてまさむね》が1610(慶長15)年に完成させた仙台城。千畳敷《せんじょうじき》といわれる大広間を持つ豪壮な本丸御殿を中心に、殿舎《でんしゃ》、櫓《やぐら》などが築かれた。広瀬川を望む断崖には、懸造《かけづく》りの書院が建てられていた。

2代忠宗《ただむね》の時代には、山上の本丸が不便なことから、山麓に二の丸を構え、政庁と藩主の私邸として城の中心となる。伊達家62万石の居城は、地震、明治維新後の破却、戦災などで遺構を失うが、現在は隅櫓《すみやぐら》が再建された。美しい扇《おうぎ》の勾配《こうばい》の高石垣は、1668(寛文8)年の地震以降に築かれたものである。

1600（慶長 5）年、伊達政宗が築城。以後明治まで伊達氏の居城。たびたびの火災、1945（昭和 20）年の空襲ですべて焼失。1967（昭和 42）年、大手門・隅櫓を復興。2004（平成 16）年、本丸石垣の一部修復完了。遺構は石垣・隅櫓跡・曲輪跡など。

仙台城【せんだいじょう】

JR 仙台駅下車、西口から青葉城址循環バスで 20 分、「青葉城址」下車。車の場合は東北自動車道「宮城 IC」から 20 分。

政宗の生母・義姫《よしひめ》は出羽《でわ》山形《やまがた》城主・最上義守《もがみよしもり》の娘に生まれた。1564（永禄7）年、18歳で21歳の米沢《よねざわ》城主・伊達輝宗《てるむね》に嫁ぎ、翌々年、嫡子・梵天丸《ぼんてんまる》（政宗）をもうけた。政宗の誕生にまつわる伝説がある。義姫は文武の才と忠孝にあつい男児の誕生を湯殿山《ゆどのさん》に祈らせた。すると義姫の夢に老僧があらわれ、胎内に宿を借りたいという。瑞兆《ずいちょう》と喜び老僧の願いを受け入れると政宗を授かった。夫妻がどれほど嫡子の誕生を待ち望んでいたかを語る逸話であろう。

伊達家の記録に、義姫は「常に国の繁栄を心がけた」と記されるが、実家も大切にした。1574（天正2）年実家の最上家で義光《よしあき》と義時《よしとき》の兄弟が争うと、夫に「兄弟喧嘩に手出ししないでほしい」と懇願。介入を控えさせている。

政宗は5歳のとき痘瘡《とうそう》にかかり片方の眼を失明。義姫《よしひめ》は不自由な政宗をいつくしんではいたが、11歳も離れて小次郎《こじろう》が生まれると、次第に小次郎を溺愛するようになる。輝宗は政宗の資質を見抜き、18歳になったとき家督を譲る。こうしたなかで、政宗は「独眼竜《どくがんりゅう》」と異名をとる勇猛果敢な戦国武将に育っていく。

1585(天正13)年、輝宗が拉致され、救おうとした政宗も手が出せず、輝宗は不慮の死を遂げた。38歳の義姫は剃髪、保春院《ほしゅんいん》と名乗るが、政宗が夫を死に追いやったのではないかと不信感を募らせる。

政宗は近隣諸国に容赦なく戦を仕かけた。実家の最上家にも戦いを挑む。政宗と兄・義光《よしあき》の合戦になると、義姫は両陣の真ん中に輿を乗り入れ、息子と兄に「まず、われを斬れ」と言い放ち、仮屋を建てて動こうとしない。80日後、根負けした両将は、ついに講和を結んだ。

天下統一を目前にした豊臣秀吉《とよとみひでよし》は、奥羽の私闘を禁じたが、政宗は無視し、会津の蘆名《あしな》氏を討った。義姫も家臣も、政宗が伊達家を滅ぼすのではないかと不安が高じていく。

1590(天正18)年、政宗は秀吉の小田原攻めに参陣するかどうかを迷いながら、義姫の招きを受けて会津黒川城を訪ね、激しい腹痛に見舞われる。伊達家の先行きを案じた義姫が小次郎にあとを継がせようと、政宗に毒を盛ったといわれる。2日後、政宗は弟・小次郎を斬殺。「幼い弟に罪はないが、母を害することはできぬゆえ、これもやむをえない」と語ったという。

その夜、義姫は最上家に逃れた。暗殺事件は彼女と仲のよい兄・義光の指示による謀略とみなされた。しかし実際は事件後4年間ほど、義姫は政宗と暮らしている。近年、毒殺未遂事件はなかったのではないか、といわれている。

のち義姫は30年近くを最上家で過ごすが、政宗とはこまやかな文通を続けた。1593(文禄2)年、朝鮮出兵中の政宗に金3枚を届け、

秋風のたつ唐舟《からふね》に帆をあげて君かへりこむ日の本《もと》の空

と和歌を添え、無事の帰還を祈る手紙を送る。政宗は感激し、贈り物を探し回り、朝鮮木綿を手に入れ「命長らえて、いま一度母上に会いたい」と便りをした。

1622(元和8)年、最上家が取り潰され、政宗は居所をなくした母を仙台城に迎えた。義

姫75歳、政宗56歳。毒を盛ってから32年が過ぎていた。

城下を見下ろす青葉山に築かれ、桃山建築の粋を集めた名城に足を踏み入れて、義姫は何を思っただろう。政宗は老いた母の体を気遣った。翌年、政宗のやさしさに包まれ、義姫は他界する。大名間の熾烈《しれつ》な駆け引きのはざまで、みずからの意思を貫いた生涯であった。

58 米沢城《よねざわじょう》と仙洞院《せんとういん》

息子景勝と娘婿景虎の争いに翻弄《ほんろう》された悲しみ

仙洞院《せんとういん》（仙桃院）は上杉謙信《うえすぎけんしん》の姉である。1524（大永4）年、越後国守護代《えちごのくにしゅごだい》・長尾為景《ながおためかげ》と栖吉《すよし》城《じょう》（長岡市）主の長尾顕吉《あきよし》の娘・虎御前《とらごぜん》の2女に生まれた。名は綾姫《あやひめ》という。6年後の1530（享禄3）年、弟・景虎《かげとら》（謙信）が誕生する。

越後は内乱がつづいていた。そうしたなかで謙信が頭角を現し、坂戸城《さかどじょう》（新潟県南魚沼市）主・長尾政景《まさかげ》を猛攻のすえ降伏させた。1551（天文20）年のことである。このとき仙洞院は政景のもとに嫁いだといわれる。政景は26歳、仙洞院はすでに28歳であった。

ふたりは仲睦まじく、長男の義景《よしかげ》（10歳で早世）、長女・仙洞院（母と同じ）、2男・喜平次顕景《きへいじあきかげ》（上杉景勝《かげかつ》)、2女(華渓院《かけいいん》)の2男2女をもうけた。政景は謙信に忠誠をつくし、謙信の出陣中は春日山城《かすがやまじょう》(新潟県上越市)の留守居を務め、謙信が家臣たちの統率に悩み、家督を捨てて出家しようと高野山《こうやさん》に向かったときは、大和国《やまとのくに》(奈良県)まで追いかけて説得した。

戦国時代屈指の智将・直江兼継《なおえかねつぐ》の才能を見いだしたのは仙洞院《せんとういん》だという。兼継は夫・政景の家臣・樋口兼豊《ひぐちかねとよ》の長男で、幼いころから利発だった。才を見込んだ仙洞院が、わが子・景勝の近習《きんじゅう》に取り立てた。景勝と兼継は、春日山城で謙信の薫陶《くんとう》を受けて育つ。

1564(永禄7)年、仙洞院に突然の不幸が訪れる。夫の政景が坂戸城付近の野尻池《のじりいけ》(新潟県湯沢町)に船を浮かべて酒宴中、酔って船から落ち、溺死してしまった。事故ではなく政景の謀叛を察した謙信が仕組んだともいわれる。

夫を失った仙洞院の手もとには、幼い子らが残された。夫の死は謙信による謀殺と疑っていたともいう。弟・謙信に対し、「わが身も戦場に出て、お役にたつ覚悟。どうか子らを見捨てないでほしい」と気丈な手紙を送る。過酷な戦国の世に、子らとともに生き抜こうとする気概が伝わってくる。母子は謙信の春日山城に引き取られた。

仙洞院の子どもたちは、亡くなった義景を除き、すべて謙信の養子《ぎし》となる。長女は謙信の養

鎌倉中期に長井氏が築城。1548（天文 17）年、伊達氏の本拠に。江戸時代、上杉氏の居城。1871（明治 4）年、廃城。遺構は土塁・堀。城址は松が岬公園・上杉神社。

米沢城【よねざわじょう】

JR 米沢駅下車。白布温泉行きバスで「上杉神社前」下車。車の場合は米沢南陽道路「米沢 IC」から国道 13 号線、国道 121 号線経由で市内へ。

子の上条政繁《じょうじょうまさしげ》に嫁ぎ、2男の顕景は謙信の養子になって上杉景勝と名を改めた。2女も謙信の養子である小田原（神奈川県）北条《ほうじょう》家出身で謙信の初名を授かった上杉景虎《かげとら》に嫁いだ。子のない謙信は、姉・仙洞院の子らと一門の絆を築こうとしたのである。仙洞院と謙信は、深い信頼感と姉弟愛で結ばれていたのであろう。春日山城の仙洞院に、しばしの平穏が訪れる。景虎と2女夫妻に長男・道満丸《どうまんまる》が誕生、2男、長女も生まれた。だが、またもや運命は急転する。1578（天正6）年、謙信が急死し、後継をめぐって息子の景勝と娘婿の景虎の争いが起こった。「御館《おたて》の乱《らん》」である。景勝は春日山城を占拠し、景虎は御館城（上越市）に避難した。仙洞院は、両者の間で懸命に和議を図ったことだろう。翌年、景勝は、講和の使者に伴われた道満丸を討ち、御館城《おたてじょう》を攻撃した。景虎と妻子は自害し、謙信の遺領は景勝が継いだ。娘夫婦と孫たちを失った仙洞院《せんとういん》の悲しみは、どれほど深かったか知れない。

景勝は織田信長《おだのぶなが》の軍に包囲され、のち豊臣秀吉《とよとみひでよし》に臣従を余儀なくされるが、越後《えちご》・佐渡《さど》・北《きた》信濃《しなの》4郡・出羽《でわ》庄内《しょうない》にまたがる勢力を築く。1598（慶長3）年、会津《あいづ》120万石に国替えになり、大大名として豊臣政権の五大老のひとりとなる。関ヶ原の戦いで徳川家康《とくがわいえやす》と対立し、出《で》羽米沢《わよねざわ》（山形県）30万石に減移封《いほう》のうえ、初代藩主に任じられた。

仙洞院は動乱に揉まれる景勝を支え、会津、米沢へと行動をともにする。米沢城では孫の玉《たま》丸《まる》（のち定勝《さだかつ》）が生まれ、長女・上条《じょうじょう》夫人も仙洞院の側近くに寄り添っていた。幾多の悲しみのすえの安らぎに包まれて、1609（慶長14）年、86歳の天寿をまっとうした。

山形県米沢市の中央に位置する米沢城。戦国時代、伊達《だて》氏が本拠とし、政宗《まさむね》は米沢城で生まれた。豊臣秀吉の世、上杉景勝の重臣・直江兼続《かねつぐ》が入封《にゅうほう》。関ヶ原の戦い後は、禄高を大幅に減らされた上杉景勝が入る。城と城下町造りは兼続が行った。現在は松《まつ》が岬《さき》公園となり、土塁と内堀が旧態をとどめ、桜の名所としてにぎわう。

59

落城のとき身重で脱出、野で男児を産み自害

浦城《うらじょう》と花御前《はなごぜん》

浦城《うらじょう》は、秋田県八郎潟《はちろうがた》の東岸・浦大町《うらおおまち》の高岳山《たかおかやま》の東に延びる丘陵に築かれた。城域の標高は120m、周囲を急峻な断崖が取り囲む。尾根上の東西1㎞の細長い一帯に、主郭《しゅかく》・二の郭《くるわ》・三の郭・四の郭（屋敷地）・五の郭など大型の郭が連なる。戦国時代、八郎潟はこの山裾を洗っていた。

築城の時期の詳細は不明だが、天文《てんぶん》年間（1532〜55）には千葉《ちば》氏が在城、永禄《えいろく》年間（1558〜70）ごろ、国人領主・三浦盛永《みうらもりなが》の居城になったと伝えられる。盛永は地元の大勢力・湊《みなと》氏に帰属し、国人領主として勢力を伸ばしていった。

1588（天正16）年、安東実季《あんどうさねすえ》と安東通季《みちすえ》による、一族の紛争「湊騒動」が勃発。盛永《もりなが》はこの戦に通季側の総大将として参陣、翌年、浦城は実季の大軍の攻撃を受けて落城する。浦城はこののち、安東氏を統一した実季によって破却された。

江戸時代の旅行家で民族学者の菅江真澄《すがえますみ》（1754〜1829）は『菅江真澄遊覧記』に「浦の城」として、浦城跡の様子を書き残した。

「本郭《ほんぐるわ》、御座《ござ》の間《ま》、馬出《うまだし》、大鐘を掛けた櫓《やぐら》はあそこ、と側にいた人が教えてくれた。今は田や畑になっている。田に水を引く大きい池があった。堀の跡かもしれない。なにかと昔を偲ぶことができる。浦大町の人が教えてくれた」

盛永には年若い妻があった。松前《まつまえ》（北海道）の島之守信弘《しまのもりのぶひろ》の娘・小柳姫《おやなぎひめ》で、花御前《はなごぜん》と呼ばれていた。落城のとき、盛永は身重の花御前と5歳の男児・千代若《ちよわか》を舟で脱出させ、わが身の生まれ変わりの誕生を祈りつつ34歳で自刃。菅江真澄はこの出来事にまつわる伝承も記している。

「花御前は小池《こいけ》の里（浦城の南2里・およそ8㎞）まで逃れ、急に産気づく。柳の老木の洞《ほら》に身を横たえ、難産のすえ、付近の女たちに助けられて男の子を産み落とした。花御前は女たちに、〈お力添えいただき、どれほどうれしいことか。でも私は、まもなく死にます。亡くなったあとは

築城時期不明。16世紀半ば、千葉氏・三浦氏が居城。遺構は郭・櫓台・土塁・竪堀。

浦城【うらじょう】

JR 八郎潟駅下車、浦城の登り口の常福院まで 4 〜 5Km、バスはない。そこから徒歩で本丸を目指す。車の場合は秋田自動車道「五城目八郎潟 IC」から常福院まで 5 分。

安産の神となり、女たちの身を守ってあげましょう〉と言って、侍女とともに、みずから命を絶ち、夫のあとを追った。里の女たちは嘆き悲しみ、土を掘って亡骸《なきがら》を埋め、塚を築き、標《しるし》に柳を植えた」

花御前は18歳だったという。衰弱したわが身が生け捕られるのを恐れて自害、嬰児は身分が敵に知れないよう、近くの梨ノ木《なしのき》に住む斉藤甚《さいとうじん》兵衛《べえ》に託した。村びとは柳の木があったところに安産の神・御前柳大明神《ごぜんやなぎだいみょうじん》を建立。甚兵衛は花御前の産んだ子を甚内《じんない》と命名、わが子として育てていく。その子孫は今も梨ノ木で農業をいとなみ、御前柳大明神を守っている。盛永と花御前の血脈は、斉藤家に受け継がれたのであった。

一説には千代若が母を弔って塚を築き、霊をなぐさめて、追手から逃れたともいう。千代若は成人して三浦五郎盛季《もりすえ》と名のる。16歳のとき、通季《みちすえ》から父の旧地を安堵され、押切《おしきり》（八郎潟町）に城を築き城主となったが、家臣に殺害されてしまう。遺児は三浦の家臣団に守られて落ち延び、三浦盛宗《もりむね》と名のり、金足黒川《かなあしくろかわ》（秋田市）の肝煎《きもいり》（名主）になった。

黒川の三浦家は江戸時代、林業で成功、豪農の地位を確保する。幕末に建てられた三浦家の屋敷「三浦館《みうらやかた》」は、2006（平成18）年、国の重要文化財に指定され、年に数回、公開される。

さて、話を花御前《はなごぜん》に戻そう。菅江真澄《すがえますみ》は続ける。

「この話が秋田の殿さま・佐竹義路《さたけよしみち》さま（佐竹東《ひがし》家10代当主）の耳に伝わった。殿の奥方が身ごもったので安産を祈ったら、願いどおり無事の出産だった。その後、社《やしろ》は何度も燃えたので、殿さまは1766（明和《めいわ》3）年、ここにまた社を建立した」

やがて御前柳神社は佐竹家の安産祈願所とされ、8月1日に神事が行われるようになった。

社は今も、柳などの木々に覆われ、真澄の描いたスケッチのままの姿を伝える。境内には、真澄が「上小池《かみこいけ》という村で、そう古くない昔、田を耕作している人が古碑《こひ》を百ほど掘り出した」（『ひなの遊び』）と記した無数の板碑が保存されている。

60 お家存続のため、我が子を毒殺せざるをえない覚悟の人生

弘前城と阿保良《おうら》・辰子《たつこ》・満天姫《まてひめ》

秀峰・岩木山《いわきさん》をのぞみ、桜・深緑・紅葉・雪景色と、美しい四季に彩られる弘前城《ひろさきじょう》。1603（慶長8）年、津軽《つがる》藩の藩祖・津軽為信《ためのぶ》が築城を計画、2代信枚《のぶひら》が1611（慶長16）年に完成させた。城址は堀・土塁・石垣など築城形態をよく残す。信枚が築城したときの建物が8棟現存し、古城の趣《おもむき》を今に伝える。8月、城下町は弘前ねぷた祭りに彩られる。為信が京で創始したのが起源だともいわれる。

津軽藩の創設には、阿保良《おうら》・辰子《たつこ》・満天姫《まてひめ》、3人の妻の尽力があった。阿保良は大浦城主（弘前市）大浦為則《ためのり》の娘に生まれ、城に身を寄せる14歳の少年・為信《ためのぶ》と愛しあうようになる。15

67(永禄10)年、為則《ためのり》は、粗野だが豪胆な為信《ためのぶ》を大浦家の婿養子に迎える。ともに18歳だった。

ほどなく為則が急死。家督を継いだ若いふたりは、南部《なんぶ》氏に抗し、津軽《つがる》独立の戦いに立つ。南部氏の大軍が津軽に押し寄せると、阿保良《おうら》は侍女たちと鉄砲玉を作り、本陣に送り続けた。17年かかって津軽から南部氏を追い払った為信は京へのぼり、秀吉の寵臣・石田三成《いしだみつなり》に接近。彼の尽力で秀吉から津軽の領有を認められ、大名の地位を獲得、津軽氏を名乗る。実子のない阿保良は側室の子・信建《のぶたけ》、信枚《のぶひら》らを育て上げた。「夫人は仁の心深く、智謀にすぐれ、よく内政を助けた」と伝えられる。

関ヶ原の合戦では東軍・西軍いずれが勝っても津軽家が残るよう、嫡子・信建は三成方に、為信と3男・信枚は家康方に与した。父と兄の死により、1607(慶長12)年、信枚が家督を継ぐ。家臣団の統制を進め、弘前城を完成させ、城下の産業を盛んにした。信枚が徳川幕府草創期の動乱を乗り切るにあたり、ふたりの妻の存在が大きかった。最初の正室・辰子は、関ヶ原の敗者・三成の3女である。7歳のころ、秀吉の死後に正室・高台院《こうだいいん》(おね)の養女になった。兄・隼人正《はやとのしょう》とともに津軽へ行ったとも、後年になって高台院の家臣・孝蔵主《こうぞうす》に連れられて江戸に下り、津軽家と縁組が調ったともいう。1610(慶長15)年、19歳のころ信枚に嫁いだ。

1611（慶長 16）年、津軽信枚が築城を完成。維新後、本丸御殿・武芸所を破却。二の丸・三の丸の 3 つの櫓、5 つの門は古式を残したまま現存。天守とともに、重要文化財の多くの遺構を残す。

弘前城【ひろさきじょう】

JR 弘前駅から市内循環バスで「市役所前」下車。バス停からは徒歩。車の場合は東北自動車道「大鰐弘前 IC」から 40 ～ 50 分。

穏やかな人柄で美貌の辰子を、信枚はこよなく愛した。ともに、それぞれの「関ヶ原の戦い」を乗り越え、心を寄せあっていたのだろう。だが、幸せは長くは続かなかった。3年後、家康の養女・満天姫《まてひめ》（家康の異父弟・松平康元《まつだいらやすもと》の娘）が信枚に降嫁することになった。幕府は「東北の抑え、北方警備のかなめ」として津軽藩の掌握をもくろんだのだ。

　信枚は断腸の思いで辰子を側室に降格し、津軽藩領の飛び地・上野国《こうずけのくに》の大舘《おおたち》屋敷（群馬県太田市尾島町）に匿《かくま》う。「大舘御前」と呼ばれたものの、愛する夫と遠く隔てられ、幽閉さながらであった。満天姫の嫉妬のためだという説もある。満天姫もまた、不幸な過去を背負っていた。清洲《きよす》城主(愛知県)福島正則《ふくしままさのり》の養子・正之《まさゆき》に11歳で嫁いだが、正之は乱行を理由に殺害される。満天《まて》姫《ひめ》は実家に戻り、男児(のちの岩見直秀《いわみなおひで》)を出産。家康の養女という誇りある身で正室のいる信枚《のぶひら》に嫁ぐのである。しかも、その辰子《たつこ》は関ヶ原の敵将・三成の娘だ。心中は察して余りある。

信枚の辰子への寵愛は変わることはなく、江戸参勤の行き帰りには大舘屋敷《おおたちやしき》に寄った。やがて辰子は信枚の子・信義《のぶよし》を産むが、32歳で生涯を終える。5歳の信義は満天姫が江戸の津軽藩邸に引き取って養育。満天姫には女児しかなく、1631(寛永8)年、信枚が没すると、信義が13歳で家督を相続し、満天姫の庇護で3代藩主として成長していく。

満天姫に難題がのしかかる。前夫の子・直秀が、幕府の処罰を受けた福島家の再興に動きだす。自重を促すが聞き入れず、江戸に向かうという。満天姫の心は決まっていた。藩主・信義の養母である。津軽家を危うくする行動を止めねばならない。満天姫は直秀を城中に招き、別れの盃に毒を盛り、ひとり息子を殺害した。なんと痛ましい覚悟であろう。

こうして三成の孫・信義は家康の養女に守られ、強い指導力で繁栄を築く。阿保良《おうら》・辰子・満天姫に支えられた津軽藩は明治維新まで続き、子孫は現代の皇室にも嫁いだ。大舘屋敷の地・太田市尾島町《おじままち》では1986(昭和61)年から絢爛・勇壮なねぷた祭りが催されている。

本書は「公明新聞　日曜版」に２０１１年１月23日～２０１２年７月１日まで掲載された原稿を大幅に加筆・修正したものです。

山名美和子（やまな・みわこ）

東京生まれ。早稲田大学文学部卒業。東京・埼玉の公立学校教員を経て作家に。第19回歴史文学賞入賞。日本文藝家協会会員・日本ペンクラブ会報委員会委員、鳩山町文化財保護委員／町史編纂委員、朝日カルチャーセンター講師。

主な著書に『梅花二輪』、『光る海へ』、『ういろう物語』、『恋する日本史』他がある。共同執筆に『週刊 名城をゆく』、『週刊 名将の決断』、『実は平家が好き』、『絵解き 大奥の謎』、『万葉の恋歌』、『歴史小説ベスト113』、『徳川三代なるほど事典』、『忠臣蔵なるほど百話』他多数。

戦国 姫 物語——城を支えた女たち

2012年10月5日　初版第1刷発行

著者　｜山名美和子
発行者　｜大島光明
発行所　｜株式会社 鳳書院
〒101-0061　東京都千代田区三崎町2-8-12
Tel. 03-3264-3168（代表）

装幀　｜宗利淳一＋田中奈緒子
カバー絵　｜はまむら ゆう
本文写真　｜山名美和子（P23, 27, 31, 67, 71, 81, 89, 101, 111, 115, 137, 141, 155, 163, 165, 167, 179, 217, 233, 237, 243, 261, 271, 285）
編集協力　｜加藤真理
印刷・製本　｜中央精版印刷

　ISBN978-4-87122-169-6　C0021